Dieter Niermann

Spaß an Konfirmandenarbeit

Neue Wege, neuer Schwung, neue Konzepte

Dieses Buch wurde auf FSC®-zertifiziertem Papier gedruckt.
FSC® (Forest Stewardship Council) ist eine nichtstaatliche, gemeinnützige
Organisation, die sich für eine ökologische und sozialverantwortliche
Nutzung der Wälder unserer Erde einsetzt.

Bibliografische Information der Deutschen Nationalbibliothek

Die Deutsche Nationalbibliothek verzeichnet diese Publikation in der Deutschen Nationalbibliografie; detaillierte bibliografische Daten sind im Internet über http://dnb.d-nb.de abrufbar.

© 2013 Neukirchener Verlagsgesellschaft mbH, Neukirchen-Vluyn
Alle Rechte vorbehalten
Umschlaggestaltung: Andreas Sonnhüter, Düsseldorf,
unter Verwendung folgender Bilder: © olominviktor/Fotolia.com,
© deimagine/iStockphoto.com, © LindaYolanda/iStockphoto.com,
© sturti/iStockphoto.com
Foto S. 9: © privat; Foto S. 13: © Didier le Wiss / PIXELIO; Foto S. 19: © chris-
tiaaane / PIXELIO, Foto S. 22: © Uschi Dreiucker / PIXELIO; Fotos S. 29, 30,
41, 92, 93, 113, 119, 120, 128: © privat
Lektorat: Markus Steuer, Moers
DTP: Breklumer Print-Service, Breklum
Verwendete Schriften: Frutiger
Gesamtherstellung: CPI books – Ebner & Spiegel, Ulm
Printed in Germany
ISBN 978-3-7615-6076-1

www.neukirchener-verlage.de

INHALT

WIDMUNG

EIN DANK VORWEG

Spaß an der Arbeit mit Konfirmandinnen und Konfirmanden – dass der immer wieder möglich ist, liegt sicher auch an den Jugendlichen, die in den Gruppen und Projekten beteiligt sind. Und an ihren Familien, die den Mut haben, auch ungewöhnliche Wege mit uns zu gehen.
Ganz und gar undenkbar wäre dieser Spaß jedoch für mich, gäbe es die vielen ehrenamtlich Unterrichtenden in unserer Gemeinde nicht!
Ihrer Fantasie, ihrer ganz und gar undogmatischen Herangehensweise an die Themen, ihrer Offenheit für die Konfirmandinnen und Konfirmanden und ihrer jugendlichen Unbekümmertheit, die uns auch „schräge Wege" mutig gehen ließ, verdanke ich einen großen Teil der langjährigen Freude an dieser Arbeit.

Dieter Niermann
Bremen, im Mai 2013

PROLOG

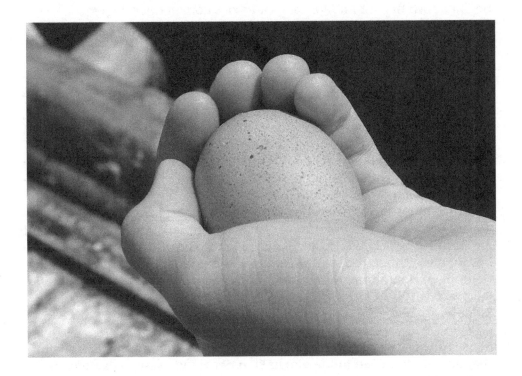

„Ist das dein Ernst? Den ganzen Tag lang ein Ei mit mir rumtragen?"
(Kopfnicken als Antwort)
„Roh?"
„Das Ei schon – du besser nicht!"

Der Jugendliche bleibt skeptisch, während ich noch einmal im Rahmen der Abendrunde unseres Konfirmanden-Wochenendes allen Jugendlichen das „Langzeit-Experiment" für den nächsten Tag erkläre.

Was mag es auch für einen Sinn haben, einen Tag lang ein rohes Ei nicht aus der Hand zu legen?

Und da man von „seinen" Konfirmandinnen und Konfirmanden nichts verlangen und erwarten sollte, was man nicht auch selbst zu tun bereit ist, beginnt auch bei mir im Morgengrauen des kommenden Tages:

(M)EIN TAG MIT DEM EI

Beim Aufwachen finde ich es auf dem kleinen Tisch am Kopfende des Bettes.

Gut, lassen wir uns darauf einmal ein. Erst schnell duschen, dann anziehen und schon geht's los! Ach ne, so war das ja nicht gedacht.

Ich nehme das Ei also direkt beim Aufstehen in die Hand und mache mich an die Arbeit, nicht ahnend, dass 16 Stunden vor mir liegen, die dauerhaften Eindruck hinterlassen werden.

Denn schon beim Verlassen des Waschraums habe ich viele Dinge so bewusst getan wie an keinem Tag zuvor: Haare einschäumen, Zahnpasta auf die Bürste, abtrocknen, Hose zuknöpfen mit einer Hand – vom Toilettenbesuch gar nicht zu reden. Und komisch kommt man sich vor! Ein Ei in der Hand beim Haareföhnen und dem mühsamen Über-den-Kopf-Ziehen des Pullovers.

Blöde Aufgabe!

Beim Frühstück sitzen wir dann alle beieinander: Jugendliche, Ehrenamtliche, gut 20 Menschen mit je einem Ei in der Hand. Gesprächsthema Nummer 1: „Was für eine blöde Aufgabe!"

Nach den ersten Stunden des KU-Tages scheint sich dann eine Art Routine entwickelt zu haben.

Mit traumwandlerischer Sicherheit ist das Ei bei jeder und jedem einfach mit dabei, während wir spielen, singen, diskutieren oder in der Bibel lesen. Es erscheint mühelos, doch bei jeder Handlung gibt es einen kurzen „Besinnungsmoment", bevor man aktiv wird: „Wohin jetzt mit dem Ei? Okay – so könnte es gehen!"

Als wir in der nächtlichen Schlussrunde des Tages unsere Erfahrungen austauschen, blicken wir zurück auf gefühlte 1.000 Momente des Innehaltens an diesem Tag.

DER TAG MIT DEM EI

BESCHRÄNKT SEIN – BEWUSST-SEIN

Meine Art der Arbeit mit Konfirmandinnen und Konfirmanden baut auf einigen der Faktoren dieses kleinen Experiments auf. Und so werden in den folgenden Kapiteln manche Begriffe und Vorgehensweisen auftauchen, die dem „Tag mit dem Ei" entsprungen sein könnten:

- Sich einschränken – und dadurch neue Wege beschreiten
- Innehalten – glückliche Momente der Verwunderung
- Eigenes Erleben ermöglichen – auch den Unterrichtenden
- Ungewöhnliches tun – und Spaß daran entwickeln
- Erfahrungen moderieren

„Hüte ein Ei!" – das ist an sich kein zentraler Unterrichtsinhalt in der Vorbereitung auf die Konfirmation. Die Erfahrung jedoch, dass Beschränkt-Sein zu Bewusstsein führen kann, hilft, auf ganz neue, manchmal skurrile Weise Themen und Inhalte zu erschließen und für Konfirmandinnen und Konfirmanden verfügbar zu machen.
Und diese Erfahrung hilft zugleich, selber die Lust am Begleiten und Unterrichten von jungen Menschen in der Konfirmandenarbeit lebendig zu halten (oder wieder aufflammen zu lassen). Darum geht es mir in diesem Buch. Sich und den Jugendlichen die Zeit der Vorbereitung auf die Konfirmation immer wieder, jedes Jahr von neuem, zu einem Geschenk werden zu lassen, das überrascht und begeistert.

DIES NOCH:

Konfer, Konfu, Konfirmandenunterricht, Konfi, KA, KU … Was mag nun ein Buch lang „political correct" als Begriff für die Arbeit mit den Konfirmandinnen und Konfirmanden herhalten? Ist es althergebracht „Konfirmandenunterricht"? Oder versucht man im Begriff schon deutlich zu machen, dass es eben nicht nur Konfirmanden, sondern auch Konfirmandinnen gibt, dass unser Zusammensein mit eben jenen nicht nur Unterricht, sondern ein komplexeres Geschehen („-arbeit"?!) darstellt? Schöpft man neue Schreibweisen („KonfirmandInnen") oder umschifft man alle Klippen mit eher seelenlosen Begrifflichkeiten wie „Unterrichtenden", „Mitarbeitenden", „Jugendlichen" …?
Da all das, was ich auf den kommenden Seiten beschreibe, eine sehr persönliche Sicht der Dinge ist und in einer Vor-Ort-Situation mit ganz konkreten Menschen und Rahmenbedingungen möglich war, war ich zunächst entschlossen, auch in der Begrifflichkeit dem treu zu bleiben, was in unse-

ren (bremischen) Verhältnissen üblich ist. Der übliche Begriff innerhalb der Bremischen Evangelischen Kirche für das gesamte Geschehen im Rahmen der Vorbereitung auf die Konfirmation lautet schlicht (und oftmals verwundernd) „Konfus". Wie aber, fragten Verlag und Lektor zu Recht, kann man etwas, das durchaus Sinn ergibt und schlüssig ist, seitenlang „konfus" nennen und damit Verwechslungen und Unverständnis Tür und Tor öffnen?!

Entschieden habe ich mich daher für ein fröhliches und abwechslungsreiches „Sowohl-als-auch", für ein Springen zwischen den Begrifflichkeiten, gelegentlich dadurch geleitet, was an der jeweiligen Stelle mehr im Mittelpunkt steht: Unterricht, innere Vorbereitung, Gruppengeschehen, umfassendes Arbeitskonzept etc.
Mag nun also jede und Jjeder für sich in dem jeweiligen Begriff den eigenen und üblichen mitlesen und sich zugleich schon beim Lesen im Übersetzen der gesamten Idee (und eben nicht nur des Begriffes) in seine eigene Alltäglichkeit üben.

TEIL 1: KONFUS KREAKTIV

KONFUS KREAKTIV – GEDANKEN

Für viele von uns, die wir Konfus, also „Vorbereitung auf die Konfirmation", mit Jugendlichen in unseren Gemeinden betreiben, sind die Inhalte und oftmals auch die Formen nichts Einmaliges. Wir durchlaufen die Themen mit jedem Jahrgang und entfernen uns oftmals Jahr für Jahr ein wenig mehr von unseren Idealen, unseren revolutionären Veränderungsplänen und dem stetigen Ausprobieren von Neuem. Gut, dass es meist nur wir selbst sind, die eine solche dauerhaft innovative Arbeitsweise von uns verlangen, denn die Jugendlichen sind ja nur ein einziges Mal selbst beteiligt. „Denen fehlt doch jeder Vergleich", könnten wir uns entschuldigend selber sagen.

Konfus kreaktiv anzugehen verstehe ich jedoch gar nicht als Auftrag von außen, als Dienstanweisung der Gemeindeleitung oder gar der Gemeindeglieder. Konfus kreaktiv ist sinnvoll vor allem um meiner selbst willen!

KREATIV an die Arbeit heranzugehen erhöht auch für mich den Erlebnis- und Genuss-Faktor. Ein Glück – ich darf selbst dabei noch etwas spüren, darf gespannt sein auf den Ausgang. Kreativ angegangen erhalte ich mir selbst die Zufriedenheit, wenn gelingt, was nicht schon durch Serienreife Erfolg „garantiert".

AKTIV zu gestalten und dynamisch im Prozess zu agieren, das klingt doch per se schon positiv, oder? Wenn da nicht jene Kehrseite wäre, die aus Notwendigkeiten und gemeindlichen Zwängen, aus begrenzter Vorbereitungs- und Arbeitszeit, aus Üblichkeiten und eigenem „inneren Schweinehund" besteht.

Kreativ wäre ich ja schon gerne, wenn ich nur immer wieder gute, neue Ideen hätte und die Zeit, diese in die Wirklichkeit umzusetzen!
Aktiv wäre ich schon gerne, wäre es nicht nebenbei auch noch so anstrengend!

Mit diesem Buch möchte ich Mut machen (und ein paar Anregungen und praktische Bausteine vorstellen), damit machbar erscheint oder wird, was verlockend klingt:

Konfus kreativ zu gestalten,
also immer wieder *neue Wege* zu beschreiten
und
Konfus aktiv zu gestalten,
indem ich Mittel und Wege finde (immer wieder) *neuen Schwung* zu holen, für das, was ich (immer wieder) tun darf.

Konfus kre-aktiv eben!

KONFUS KREATIV

NEUE WEGE GEHEN

NOT MACHT ERFINDERISCH

... doch wer wünscht sich schon aus vollstem Herzen Zeiten der Not im Rahmen seiner Arbeit? So gut geht es uns nun auch wieder nicht, dass wir unser Tun sehenden Auges in schwieriges Fahrwasser steuern wollten, nur um unseren Erfindungseifer anzuspornen!
Und doch kann eine bewusste Beschränkung uns helfen, immer wieder neue Wege in der Vorbereitung auf die Konfirmation zu entdecken und

zu beschreiten. Vier Vorsätze können meiner Erfahrung nach hilfreich sein, um durch Beschränkung ein Stück Befreiung zu erfahren und so neue Wege zu entdecken.

1. Verbaue dir den üblichen Weg!

Oft befinden wir uns mit großen Teilen unseres Engagements in Automatismen. Wir veranstalten in der Adventszeit Basare, feiern immer nach den Sommerferien das Gemeindefest (und nicht, wenn uns ein Grund zum Feiern „auf den Nägeln brennt") und wir beginnen alljährlich einen neuen Konfirmanden-Jahrgang. Den Einladungsbrief haben wir vom letzten Jahr übernommen und nur die Daten erneuert. Jetzt kann es losgehen! Das Curriculum liegt wie eine breit ausgebaute Straße in Gedanken vor uns. Themen für die erste Zeit, Themen im Mittelfeld, Themen kurz vor der Konfirmation und ein paar Themen, die man noch machen könnte, wenn Zeit dafür ist.
Spätestens jetzt ist es Zeit für den ersten guten Vorsatz: Verbaue dir den üblichen Weg!
Verbiete dir die Dateien vom letzten Jahr. Bestelle kein Arbeitsbuch ein zweites Mal, wie gut es auch gewesen ist.
Mach es dir schwer! Wenigstens einen Abend der intensiven Denkarbeit über diesen neuen Jahrgang lang und für ein Treffen mit all jenen, die mit dir diesen Jahrgang begleiten werden. Denn ist der übliche Weg erst einmal (ganz aus freien Stücken) verstellt, fällt es der Phantasie leichter, auf neuen Wegen auf die Reise zu gehen.

2. Such dir neue Reisegefährten!

An sehr vielen Orten in unseren Kirche ist es längst normal, dass gemeinsam unterrichtet wird. Ehren- und hauptamtlich Aktive ergänzen sich; den Jugendlichen bieten sich unterschiedliche Personen, Typen und Charaktere als Wegbegleitung an. Mit ihnen gemeinsam den Weg zu bedenken und Zwischenziele anzusteuern, ist schon eine ganze Menge. Mehr aber erlebe ich, wenn ich mir ganz neue, ein wenig ungewöhnliche Reisegefährten für dieses eine Mal suche.
„Dieses eine Mal" heißt, jemanden zu bitten, in einem ganz konkreten (Projekt-)Zeitraum mitzuwirken. Mach es dir also wieder ein wenig schwer! Frag nicht den jungen Ehrenamtlichen, der auch im letzten Jahrgang aktiv

war. Bitte nicht die freundliche Mutter, die immer gerne für Aktivitäten bereitsteht und setze auch nicht auf den Kirchenvorsteher, der immer so gut bei den Konfirmandinnen und Konfirmanden ankommt.

Frag die Bestatterin, einen Künstler aus der Nachbarschaft, die Organistin, deinen 17-jährigen Sohn (oder andere Leute in diesem Alter), den Erzieher im Kindergarten, die Küsterin, den Bäcker (sofern im Ort noch vorhanden), eine alte Dame aus dem Seniorenkreis …

– Frag nicht nach einem Curriculum für den Konfus.
– Frag auch nicht, wie sie es machen würden.
– Such mit ihnen im Gespräch nach Wegen zu den Reisezielen, die in der Konfus-Zeit unstrittig verborgen sind:
– Gemeinde als Lebensort erfahren
– Das Miteinander genießen / Gemeinschaft erfahren
– Freundschaft mit Gott, mit Jesus schließen können (zumindest beide gut kennenlernen und „interessant finden")
– Eigene Sehnsüchte, Fragen und Überzeugungen erkennen und zulassen, genauso wie die Sehnsüchte, Fragen und Überzeugungen von anderen

Sicher, mit den Kolleginnen und Kollegen gleicher Profession gelingt mir das meist schneller. Am schnellsten einige ich mich sogar mit mir selbst – aber ich komme immer wieder nur zu (beinahe) gleichen Erkenntnissen.

3. Mach keine kleinen Pläne!

„Mach keine kleinen Pläne. Sie haben nicht den Zauber, das Blut der Menschen in Wallung zu bringen. Sie werden nicht realisiert. Mach große Pläne, setze dir hoffnungsvoll die höchsten Ziele – und arbeite an ihnen!"
(Daniel Burnham, berühmter Architekt und Städteplaner).

Sicher, wir können nicht in jedem Konfus-Jahrgang das berühmte Rad neu erfinden. Auch sollte Gemeindearbeit nicht einem stetigen Höher, Besser, Weiter, Spektakulärer geopfert werden. Kein Rahmen sollte versuchen, das Bild in den Schatten zu stellen, keine Verpackung kann je mehr wert sein als der Inhalt – insbesondere jener, den wir in christlichen Gemeinden weitergeben dürfen. Und doch darf phantasievoll und liebevoll am Äußeren gearbeitet werden. Denn hier kann Großartiges entstehen!

„Mach keine kleinen Pläne" heißt für mich Jahr um Jahr, ruhig erst einmal

Großes zu erträumen, die Schere der Machbarkeit nicht zu früh anzusetzen und die ersten Triebe nicht zu niedrig abzuscheiden. Kleine Pläne, so geht es mir oftmals, stutze ich mit der Zeit ein wenig zurecht, sie schleifen sich ab und die hehren Ziele werden allzu oft den kurzen Wegen geopfert. Auch großen Plänen ergeht es nicht besser. Es bleibt nur häufig mehr von ihnen übrig, wenn sie ihre „Anpassung an die Realitätszwänge" hinter sich haben.

Die ersten Zweifel an der Machbarkeit deiner skurrilen und spontanen Idee, im nächsten Jahrgang den Konfus nur auf der Basis von Gerichten, Handwerkstechniken, hebräischen Sitten oder alten Sprichwörtern zu machen, sind nicht der Moment, deine Pläne fallen zu lassen, sondern der Ansporn, sie noch einen Moment festzuhalten und dir ein trotziges „Dennoch!" anzugewöhnen.

Halte deine Träume fest, wenn sie erst Realität werden, kommt ihre Praxistauglichkeit von ganz alleine. Mach nicht zu früh dafür Abstriche!

4. Hab keine Angst, es könnte etwas auf der Strecke bleiben

So wie das Fasten unser Leben nicht zwangsläufig karg macht, sondern vielmehr die Tür zu Reichtum aufstoßen kann, so heißt „beschränken" noch lange nicht, dass wichtige Dinge nun keinen Platz mehr finden, dass nur noch ein Ausschnitt dessen im Konfus vorkommt, was an Themen und Methoden wünschenswert und wichtig ist. Schließe Frieden mit der Tatsache, dass sowieso immer etwas an Themen „auf der Strecke bleibt" – etwas von „deinen Themen", von den Themen und Fragen der Jugendlichen, den Anfragen der aktuellen Diskussion oder den Bausteinen des gültigen Curriculums oder der Vorgaben von Gemeinde oder Landeskirche. Ja, natürlich machen wir viel zu wenig – und zugleich aus Sicht vieler Jugendlicher viel zu viel auf einmal, hineingepresst in den engen Zeitkorridor der KU-Zeit. Gelassen angesichts dieser Tatsache können wir das eine oder andere Thema eben kurzfassen oder nur am Rande durchblicken lassen. Wesentlich ist doch, dass die Konfirmandinnen und Konfirmanden Einblick gewinnen in Gemeinde und christlichen Glauben. Und „unterwegs" lernen sie dich und die anderen Unterrichtenden als Gesprächspartner für diese und eben auch alle anderen Themen kennen und womöglich gar schätzen. Was willst du mehr?!

KONFUS AKTIV

NEU SCHWUNG HOLEN

ALLES IM FLUSS ...

… bis sich der gemächlich dahinfließende Bach einem Hindernis gegenüber sieht. Doch auch in Sachen Schwung ist Beschränkung oftmals hilfreich.
So wie der Damm des Bibers an den wenigen Engstellen, die dem Wasser verbleiben, für hohe Fließgeschwindigkeit sorgt, so kann auch durch manche Beschränkung, die wir uns selbst auferlegen, mehr Schwung im Konfus

entstehen. Beschränkung sorgt für Fokussierung, für die Konzentration unserer Kräfte und unserer Aufmerksamkeit.

Fünf weitere Vorsätze, um durch Beschränkung und Fokussierung der eigenen Arbeitszufriedenheit aufzuhelfen und Energie freizusetzen, damit tatsächlich neue Wege beschritten werden:

1. Wage etwas Ungewohntes!

Gewohnheit lähmt Schwung. Was dir selbst neu, fremd und ungewöhnlich erscheint, ergreift intensiver Besitz von dir. Immer häufiger schleicht es sich in deine Gedanken. Das Ungewöhnliche kann dich selbst faszinieren und ist als Vorhaben konkreter als die Fortsetzung der Routine. „Allem (Neu) Anfang wohnt ein Zauber inne." Die skurrile Idee ist demnach vielleicht nicht nur die Antwort auf die Frage nach dem „Kreativen" im Konfus, sondern zugleich auch der Stoff, aus dem die notwendige Energie fließt, um eben jene skurrile Idee auch umzusetzen.

2. Bringe dich in Bringschuld!

Irgendwann ist er gekommen, der Moment, in dem du anfängst, anderen von deinem Vorhaben zu erzählen. Und jedes Mal, wenn du einem (zunächst) erstaunten Gegenüber von deinen Plänen berichtest, werden sie für dich konkreter, überlegter, bedachter. Viel wichtiger ist aber etwas anderes: Indem du in Umlauf bringst, was dir vorschwebt, machst du dich ansprechbar auf deine Pläne. Und sobald aus deinem „Ich dachte mir ..." ein „Ich möchte gern ..." oder gar ein „Ich plane ..." geworden ist, hast du dir selbst einen ganz neuen Motivator geschaffen: Die Bringschuld. Nicht, dass du jetzt auch alles eins zu eins in die Tat umsetzen müsstest, aber es wird zukünftig nötig sein, zu erklären, warum du doch Abstand von deinem Vorhaben genommen hast.

Bringschuld mag ungemütlich klingen, sie trägt aber über manch eigene Unsicherheit hinweg. Und ihre Kehrseite ist als Erfolgsfaktor in Sachen „kreaktiver Konfus" nicht zu verachten: Mit jedem Gespräch zum Thema bekommst du Rückmeldung, konstruktive Kritik, Ermutigung, vielleicht auch Widerstand (der dich weiter anspornt oder aber letztlich davor bewahrt, eine wirklich große Dummheit zu begehen).

3. Erhalte dir eigenes Erleben!

Warum sich die Arbeit im Konfus absichtlich schwer machen? So leicht wäre es doch, jedem Jahrgang das Bewährte zu gönnen. Mit leichten Abwandlungen die immer gleichen Arbeitsblätter und Methoden an den Start bringen. Sie sind doch im Kern nicht wirklich alt (vier, fünf oder zehn Jahre eben ...), sie sind erprobt! Warum also unstetes Suchen nach ewig Neuem? Meine Antwort: Weil Neuland uns selbst wachhält! Weil ich selbst auch zum ersten Mal auf diese Weise agiere, bin und bleibe ich gespannt, kann mir „routiniertes Heraushalten" gar nicht leisten (und will es auch nicht). Mich lässt nicht kalt, was passiert; eigenes Erleben bleibt möglich und dadurch bin ich auch deutlich sensibler für die ablaufenden Prozesse. Es ist wie der neue Anzug, das neue Kleid, in das ich mein „altes Ich" zum Fest hülle. Ich beäuge mich selbst erst einmal von allen Seiten im Spiegel und bin vielleicht selbst überrascht, wie ich wirke. Neu erwachte Aufmerksamkeit für mich selbst – und auch die Anderen werden Augen machen!

4. Bau auf deine Träume

... nicht auf deine Routine! Es ist nur scheinbar sicher und verlässlich, was du schon immer getan hast. Denn keine Gruppe ist wie die andere, und du selbst und die Rahmenbedingungen unterliegen auch einer stetigen Veränderung. Was kann also am Traum wirklich unsicher sein? Er fußt doch auf deinen Bedürfnissen und den Anforderungen der aktuellen Situation! Um mit immer neuem Schwung an den Unterricht und an die gemeinsame Zeit mit den Jugendlichen heranzugehen, hilft es, den Dingen, die man immer schon mal ausprobieren oder im Konfus tun wollte, einen Platz einzuräumen. Und jeder kleine Traum, den du auf diese Weise zur Realität werden lässt, macht dir und auch anderen klar, dass Träumen letztlich kein Luxus ist, sondern der Anfang von Veränderung sein kann.

5. Mach die Pflicht zur Kür!

Es war schon so, als wir kleine Kinder waren: Unbändige Lust immer mehr zu dürfen, immer mehr Freiheit, mehr Optionen zu haben. Pflichten allerdings waren schon zu dieser Zeit weniger beliebt: Leidiges Zähneputzen, Mathe üben, Pflichtbesuche ...

Im Alltag in der Gemeinde scheint das manchmal nicht anders zu sein. Die Pflichten nagen nicht nur am Zeitbudget, sie scheinen es komplett auszufüllen zu wollen. Manches Mal wünschen wir uns dann, wir dürften mehr gestalten, hätten mehr Spielraum, mehr freie Zeit. Haben wir denn seinerzeit unsere Aufgabe nicht gerade deshalb gewählt, weil wir gestalterisch, lebendig und aktiv sein wollten?

Und nun: Gefühlten 90 % Pflichtprogramm stehen 10 % Gelegenheit zur Kür gegenüber. Gerade darum greifen die einfachen Aufrufe, es sich in seinem Arbeitsalltag auch einmal gut gehen zu lassen, Neues zu wagen und innovativ zu sein, zu kurz! Wirkliche Veränderungen und Verbesserungen müssen dort gewagt und getan werden, wo unser Alltag geschieht. „Mach die Pflicht zur Kür" ruft uns auf, keine neuen Inseln im Alltag, keine Urlaubsresorts im Blick zu haben, sondern den neuen Schwung da für Bewegung und Veränderung zu nutzen, wo sich der größte Teil unseres Arbeitslebens abspielt. Kür gehört nicht „on top" platziert! Kür kann und sollte Teil unserer Pflicht sein!

TEIL 2: KONFUS KREAKTIV

STRATEGIEN, METHODEN & PROJEKTBAUSTEINE

Nun ist das mit den vermeintlich schlauen Gedanken genauso wie mit den guten Vorsätzen. Wollen würde ich schon ganz gerne, aber wie beginnen? Was genau könnte ein Schritt hin zu „kreaktiverem" Konfus sein?
Wie lässt sich konkret neu Schwung holen und auf welche Wege mag man sich begeben, die eben nicht nur einfach neu, sondern auch zielführend sind?

Auf diese Fragen lässt sich aus meiner Sicht keine allgemeingültige Antwort geben. Was mich beschwingt, mag andere kaltlassen.
Was für mich Neuland ist, nennt ein anderer einen „alten Hut" und in seiner Gemeinde lässt sich damit keiner mehr hinter dem sprichwörtlichen Ofen hervorlocken.
Manchmal ist das Problem mit den neuen Wegen noch komplizierter: Sie wollen mir einfach gar nicht einfallen! Wollen würde ich schon ganz gerne, aber meine Fantasie will einfach nicht Schritt halten.
Vielleicht ist dann der folgende zweite Teil dieses Buchs hilfreich.
Er soll Lust machen, eigene Ideen zu entwickeln.
Er kann aber auch ein „Steinbruch" sein, der Rohstoff für eigene Konfus-Gebäude liefert. Nutze ihn als Inspiration oder Bauplan, ganz wie es passt.
Und auch wenn die beschriebenen Strategien, Methoden und Projektbausteine von ganz bestimmten Personen in einem ganz bestimmten Umfeld entwickelt wurden, heißt das ja nicht, dass sie sich nicht mit wenig (oder manchmal auch etwas mehr) Mühe auf gänzlich andere Rahmenbedingungen übertragen lassen.

Nun also 16 x „Konfus kreaktiv" ganz praktisch.

1 LESEN (AUCH) MIT UND FÜR NICHT-LESERATTEN

CLUB DER TOTEN DICHTER

Ein paar Jahre ist es her: Unsere Kinder- und Jugendarbeit gab sich, wie jedes Jahr, ein Jahresthema. Auch andere Gemeindebereiche zogen mit. „Worte" lautete das Motto schlicht und sollte uns ein Jahr lang ermutigen, das geschriebene Wort, das Wort Gottes besonders in den Fokus zu rücken.

Doch wie gestaltet man Konfus lebensnah und interessant, überraschend und zeitgemäß, wenn solch ein scheinbar sprödes Motto dem althergebrachten Unterrichtsstil in die Hände spielt?

Ein verlockender Gedanke für uns im Vorbereitungskreis: Worte, insbesondere Gottes Worte, können begeistern, können uns zu unserem eigenen Innersten und Ich führen, haben das Zeug dazu, die ganze Welt abzubilden, nur durch die Variation von 26 Buchstaben! Schnell kam uns das Buch und der Film vom „Club der toten Dichter" in den Sinn und wir folgten mit verrückten und uns selbst begeisternden Gedanken dieser Spur, alle Bedenken zunächst beiseite schiebend.

Darum geht's:

Ein Konfus-Jahr, das komplett auf der Basis von Literatur aufgebaut ist. Zweiwöchentliche Treffen, mal zwei, mal dreieinhalb Stunden lang bilden das Gerüst; Tages- und Übernachtungsaktionen ergänzen das Programm. Eine Tischgruppenzeit in einzelnen Elternhäusern kommt hinzu.

So geht's:

Warum aber sollten sich Jugendliche gerade dieses Angebot auswählen, wenn auch andere Konfus-Gruppen angeboten werden? Wie kann man verhindern, dass letztlich 20 eher stille und introvertierte Bücherwürmer als Gruppe zusammenkommen und das Ganze zu einer schwungarmen Veranstaltung verkommt? Nur eine schöne Idee ohne Folgen?

Wir setzten auf Ungewöhnliches:

Zwei Eckpunkte des Konzepts halfen rückblickend zu einem durchweg spannenden und anregenden Konfus-Geschehen, das auch über diese Gruppe hinaus Menschen interessierte und bewegte:

Ein eigener Ort

Mithilfe eines Aufrufs in der Gemeindezeitung und einer freundlichen Anfrage beim Recyclinghof kamen wir unkompliziert in den Besitz von 30 Kartons mit alten Büchern. In einer öffentlichen Aktion vor Beginn des Konfus-Jahrs bauten Ehrenamtliche und Hauptamtliche gemeinsam mit Kindern und Jugendlichen verschiedener Gruppen daraus im Foyer des Ge-

meindehauses einen neuen Raum. Ein großer Eimer Fliesenkleber und drei Nachmittage Arbeit reichten aus, um eine Ecke des Foyers deckenhoch mit einer halbrunden Bücherwand zu „ummauern", die an Decke und Wand mit wenigen Dübeln und an ihrer Rückseite mit senkrechten Kanthölzern stabilisiert wurde.

Ein Jahr lang nutzten Kindergarteneltern und andere Besucher diesen Raum dann als Wartesaal der besonderen Art, Kleingruppen zogen sich zu Gesprächen darin zurück und die Konfirmandinnen und Konfirmanden vom „Club der toten Dichter" hatten einen ganz speziellen Konfus-Raum für ihre Zusammenkünfte.

Ein besonderer Modus

Zum Konfus geht man wöchentlich oder 14-tägig, immer jedoch am gleichen Wochentag und vor allem in denselben Raum. Dieses „Planwesen", das Jugendliche vor allem von der Schule her kennen, wollten wir auf ungewöhnliche Weise durchbrechen. Um eine neue Beziehungsqualität zu ermöglichen, wollten wir vom Start weg Abstand nehmen von Gewohntem, in dem oftmals auch die Rollenmuster ja gut antrainiert und damit wenig veränderbar sind.

Unsere Treffen gaben wir der Gruppe in einem Jahresterminplan bekannt. Ein üblicher Wochentag wurde vereinbart, auch, um später Konflikte mit anderen Verpflichtungen der Jugendlichen zu vermeiden. Die Zeit wechselte jedoch, je nachdem, was an den Treffen stattfand.

Kurze Treffen von 17:30-19:30 Uhr fanden immer im Konfus-Bücherraum statt. Texte aus der ganzen Breite der Literatur halfen uns jeweils in zentrale Themen des Konfus hinein.

Die langen Treffen bildeten jedoch das Herzstück unseres „Clubs der toten Dichter"! Die Termine waren bekannt, die Orte jedoch nicht.

Umgekehrt erging es der zeitungslesenden Bevölkerung in Bremen-Nord: Sie fanden alle ein, zwei Monate eine Gedenkanzeige in der Tageszeitung vor, die letztlich Auskunft über einen Ort des Gedenkens lieferte, aber keinen Termin. So blieb der Club unter sich und die Jugendlichen durchstöberten in den Tagen vor dem nächsten Termin die Zeitung, immer auf der Suche nach dem Hinweis auf den Unterrichtsort.

Die Unterrichtsorte selbst hatten dann immer einen Bezug zum Thema oder zum Text. Mal ganz offenkundig, mal versteckter.

Das Nachdenken über Gottesvorstellungen ging von einem wunderbaren Gebetstext des jüdischen Pädagogen und Schriftstellers Janusz Korczak aus. Als Ort wählten wir den Goldbergplatz in Bremen-Burgdamm, einen Ort, der an das jüdische Ehepaar Goldberg erinnert, das im Rahmen der Reichspogromnacht zu Tode kam. Die Weihnachtsgeschichte im Boxenlaufstall eines Milchbauern zu bedenken, war ebenso inspirierend wie die Arbeit mit zentralen biblischen Texten ausgehend von einem Wort des Fliegers Saint-Exupéry, die unter den Tragflächen eines alten Doppeldeckers in einer Halle des Bremer Flughafens möglich war. Und zusammengedrängt zwischen hunderten alter Mäntel in der Kleiderkammer unserer Gemeinde half uns die Martinslegende am Martinstag zum besseren Verständnis des diakonischen Handelns der Kirche.

Das Schalten der Anzeigen (freundlich gesponsert von der städtischen Presse) bot jedoch noch eine ganz andere Chance für unser Unterrichtsgeschehen: Der zentrale Text, der gedankliche Impuls zum Tag war auf diese Weise schon frühzeitig allen bekannt. Nicht nur, dass die Jugendlichen oft bereits mit Ideen, worum es nun in der gemeinsamen Zeit gehen könnte, zum Treffen erschienen. Auch in den Elternhäusern hatte das Auffinden der betreffenden Anzeige oft ein erstes Gespräch zur Folge: einen Austausch am Frühstückstisch, ein Nachfragen zum Thema des letzten Treffens, ein kurzes Stutzen und Bedenken („Was wollt ihr denn auf dem Flugplatz?"). Ganz besondere Momente taten sich auf, wenn unbekannte Menschen aus der Bevölkerung, angeregt durch die Anzeigen, aktiv wurden. So fanden wir einige Male an den Orten unserer Treffen Zettel vor. Darin bedauerten die Schreibenden, kein Datum zu kennen und so nicht mitdenken, mitreden zu können. Ihre Gedanken zum Text hinterließen sie darum schriftlich – für die Gruppe eine indirekte Wertschätzung ihres Tuns und ein Beleg für die Wichtigkeit der Texte, die ja selbst Außenstehende zu solch aufwendigen Aktionen greifen lassen und darum wohl kaum „unbedeutend" sein können.

Eine Übernachtungsaktion im Gemeindezentrum zu Beginn, eine Lesenacht in der Stadtbibliothek mit Texten zum Thema „Tod und Auferstehung", eine Luthernacht in der Kirche und eine „Nacht der Sprüche" mit intensiver gemeinsamer Suche und Beratung über die Konfirmationssprüche komplettierten das Vorgehen, bei dem wir konsequent den Ausgang bei einem Stück Literatur nahmen, um schließlich christliche Botschaft und Lebenswelt der Jugendlichen zusammenzubringen.

Rückblick

Wir hätten gerne weitergemacht!
Viele tolle, aktuelle, skurrile oder auch uralte Texte fielen uns im Laufe der Zeit in die Hände, die schon beim ersten Lesen die Fantasie an die Hand nahmen und sich mit den Themen des Konfus wunderbar zusammendenken ließen. Kein Wunder, sind doch Gemälde, Filme, Literatur usw. die zentralen Medien, mit denen wir Menschen die Dinge ausdrücken und zur Diskussion stellen, die uns im Innersten bewegen.

So ist ein vergleichbares Vorgehen also auch als Kinoprojekt oder in Zu-
sammenarbeit mit Museum oder Kunsthalle zu realisieren.
Ein besonderer, dazu passender Modus ist sicher schnell gefunden!

Im Anhang ab Seite 144 finden sich Gestaltungsvorschläge für einen Konfirmationsgottesdienst auf Grundlage der hier vorgestellten Methode.

2 „LASS DOCH DIE ANDEREN ARBEITEN ...!"

SUCHET NACH DEM BESTEN DER STADT

Wenn das nicht verlockend klingt: Andere machen („freiwillig") deine Arbeit! Ganz so, war die Sache dann doch nicht gedacht ...
Wir wollten gerne einer KU-Gruppe die Erfahrung gönnen, in einer ausführlichen Intensivphase auf einem Pilgerweg den größten Teil ihrer Vorbereitung auf die Konfirmation zu absolvieren (vgl. auch Kapitel 4).
Schön und gut! Doch was macht man mit dieser Gruppe dann in den 15 Monaten zuvor? Und wie können sie Gemeinde als Ort, Gottesdienst als Geschehen und ihre Gruppe als Heimat für sich entdecken und erfahren? Nicht alles geht ja im Rahmen eines solchen „Außentermins".
„Suchet nach dem Besten der Stadt" war eine Idee, die zumindest einen Teil der Defizite des Pilger-Konfus-Gedankens ausgleichen könnte.

Darum geht's:

Ein Jahr der Vorbereitung auf die Konfirmation, in dem sich die Gruppe zunächst in der eigenen Gemeinde zum gegenseitigen Kennenlernen und zum Kennenlernen von Menschen, Aktivitäten und Gebäuden vor Ort trifft, dann jedoch nur noch monatlich einmal zusammenkommt.
An jedem ersten Sonntag im Monat nutzten wir die kurzen Wege zwischen den Gemeinden im städtischen Raum und besuchten jeweils den Gottesdienst eines Kollegen oder einer Kollegin in einer anderen der gut 60 Gemeinden Bremens. Diese wiederum waren zuvor gebeten worden, im Anschluss an den Gottesdienst ihre „Lieblings-Konfus-Stunde" mit unserer Gruppe durchzuführen.
Eine Tischgruppenzeit in einzelnen Elternhäusern kam hinzu.

Der sich anschließende Pilgerweg diente als Intensivphase vor der Konfirmation.

So geht's:

„Suchet der Stadt Bestes ...", dieses Bibelwort aus Jeremia 29 klingt nur auf den ersten Blick nach einem Casting-Wettbewerb. Und als solcher war unsere Sonntagstour durch die Bremische Kirche auch nicht angelegt. Uns ging es nicht um Bewertung, sondern um das Erfahren des Reichtums unserer Kirche, der spirituellen Vielfalt, die das eine Wort Gottes an unterschiedlichen Orten von unterschiedlichen Menschen zu Worte kommen lässt – eine tolle Erfahrung, auch für uns Unterrichtende!

Bedenken ausräumen

Das Ausräumen eigener Bedenken geriet anfangs zum größten Aufgabenfeld. Ist der organisatorische Aufwand nicht immens? Werden die Kolleginnen und Kollegen mich nicht für faul, mindestens aber für bequem halten? Lassen sich überhaupt genügend von ihnen darauf ein? Ist das Verhältnis von Aufwand und Nutzen nicht viel zu unausgewogen (Man könnte ja auch einfach in der eigenen Gemeinde bleiben)? Und auch ein wenig Sorge, andernorts könnte ein Gottesdienst und eine KU-Stunde so sehr begeistern, dass ich selbst zukünftig unter Zugzwang stehe. Wie gesagt: Kopfkino! Denn kaum hatte ich die Bedenken einfach beiseitegeschoben, lösten sich fast alle auch in ihrem Kern nach und nach auf.
Eineinhalb Jahre KU, das sind ja nicht unzählige Monatstreffen einer solchen Gruppe. Zieht man Ferienzeiten und feste Termine in der eigenen Gemeinde mal ab, gilt es acht bis zehn solcher Besuche abzusprechen. In einer städtisch geprägten Region eigentlich kein Problem. Und auch „auf dem Lande" findet sich dafür ein geeignetes Umfeld, sofern die Anreise jeweils geklärt werden kann.

Termine absprechen

Mit der Telefonliste des Kirchenkreises oder der Region in der Hand braucht es in der Regel einen Vormittag, um die erforderlichen Absprachen zu treffen. Es ist gut, dies direkt nacheinander zu erledigen, denn so lässt sich auch inhaltlich ein roter Faden in den einzelnen Terminen durchhalten.

Sind Kolleginnen oder Kollegen erst einmal bereit mitzumachen und hat man ein Datum ins Auge gefasst, reden wir noch einmal über den Wunsch nach „der eigenen Lieblings-KU-Einheit". Fast immer scheint es eine solche nicht zu geben und man wird mit der Rückfrage konfrontiert, was denn gewünscht ist bzw. was für vorangehende Besuche schon verabredet ist. Das hilft, dem Kanon der KU-Themen ein Stück gerecht zu werden oder nach Themen zu suchen, die am jeweiligen Ort besonders „obenauf liegen". Beim Besuch der Kirchengemeinde in einer großen diakonischen Einrichtung mag das eher das Thema Menschenwürde, Gottesebenbildlichkeit oder eben Diakonie sein. Der Dom lockte mit besonderem Bezug zum Kirchenraum, eine Kollegin mit persönlichem Bezug zur Ikonenmalerei nimmt eben jene auf. Nicht zu vergessen der Gottesdienstbesuch mit anschließendem KU-Block in der katholischen Pfarrei vor Ort.

Vieles ist möglich. Plötzlich wird auch für uns Unterrichtende noch einmal deutlich: Kirche verfügt über viele Standorte. Das Netz der Filialen Gottes auf Erden ist vielerorts dichter, als jenes der Baumarktketten oder Autohäuser (wenn man sich denn daran messen möchte).

Zu Besuch

Immer wieder ein spannender Moment: Mit den eigenen Konfirmandinnen und Konfirmanden betreten wir die Kirche eines Kollegen / einer Kollegin. Ganz so ist es natürlich nicht, und doch: Jede Gemeinde, jeder Gottesdienstraum und erst recht jeder Gottesdienst hat etwas Eigenes, atmet ein wenig den Geist der hier Aktiven. Und so wie Gemeinde ihre Kirche und ihr Gemeindeleben gestaltet und prägt, so tun es erst recht die hier Arbeitenden.

Gut ist es, dass der Start ein Gottesdienst ist. Hier gibt die äußere Form ein Stück Sicherheit. Wir kommen an. Vieles ist uns im Grundsatz vertraut, auch wenn es in jeder Gemeinde in eigener Ausprägung daherkommt. Gut ist es auch, beieinander zu sitzen mit allen Unterrichtenden und den Jugendlichen. Nicht unbedingt im großen Block, aber einfach aufgeteilt in kleine Grüppchen immer mit einem Mitarbeitenden und einigen Jugendlichen. Erste Kontakte zu Gottesdienstbesuchern, kurze Nachfragen, Erklärungen.

Nach dem Gottesdienst ist dann zumeist eine kurze Zeit Leerlauf. Die Kollegin oder der Kollege verabschiedet noch die Gemeinde, klärt einzelne Dinge im kurzen Gespräch, zieht sich um.

Wir haben gute Erfahrungen damit gemacht, bereits im Vorfeld den Raum abzuklären, in dem wir dann für den KU-Block sitzen werden. Oft können wir dann schon nach Gottesdienstende dort sein. Das schafft Raum: Wir können eine kurze Zeit für uns haben (Rückschau, offene Fragen, kurze Kommentare) und die Gastgeber fühlen sich nicht gedrängt, weil die Gruppe und der Kollege erwartungsvoll im Raum stehen.

Oft ist diese kurze Zeit im eigenen Gruppenrahmen auch wichtig, um eine Atmosphäre zu schaffen, in der sich die Jugendlichen dann dem Gastgebenden öffnen können. So kann es z.B. manchmal notwendig sein atmosphärische Spannungen („… das fand ich blöd im Gottesdienst" oder „… der/die ist aber total langweilig / trocken / altmodisch …") anzusprechen und aufzunehmen. Oft hilft auch eine kurze Erklärung ungewohnter Dinge, damit diese besser angenommen werden können.

Und schon ist unser Gastgeber bei uns und ich merke: Wirklich toll, dass wir Menschen so vielfältig und einmalig geschaffen sind! Keine dieser „Besuchs-KU-Einheiten" gleicht der anderen. Jede und jeder, der uns mit (s)einem Thema konfrontiert, hat etwas Besonderes an sich und wählt einen besonderen Weg für diese Ausnahmesituation. Das Setting sorgt für Qualität, denn auch ich selbst würde ja in eine solche Einzelsituation anders (besser vorbereitet) gehen, als in eine meiner „Routine-KU-Stunden", die es ja eigentlich gar nicht geben sollte … Und auf diese Weise entsteht letztlich dann doch das, was nicht unbedingt Ziel des monatlichen Aufbruchs in andere Gemeinden ist: Ein Feuerwerk an „best practice". Oder wie anfangs schon beschrieben: Die Erfahrung vom Reichtum unserer Kirche!

Erfahrungen & Varianten

„Nicht alles geht im Rahmen eines Außentermins" – diese Einsicht stand am Anfang der Planungen zu Pilgerwegen als Hauptunterrichtszeiten. Der monatliche „jour fixe" in benachbarten Gemeinden verhalf uns zu regelmäßigen Gruppentreffen. Insofern ging unser Plan auf. Etwa in der Mitte des KU-Jahres kam aber zur Begeisterung für diese Besuche auch die Erkenntnis hinzu, dass auch diese eben „Außentermine" sind. Wir entdeckten Gemeinde als Ort, aber eben nicht unsere Gemeinde! Wir trafen uns in unserer Gruppe, aber eben unter den Augen anderer.

Wirklich schlüssig wurde dieses Konzept dann erst durch die Hinzunahme einzelner Termine im eigenen Gemeindekontext (wir nannten sie „Heimspiel"): Wir trafen uns einmal monatlich am späten Nachmittag. Im eigenen Gemeindehaus begannen wir spielerisch, setzten dann einen eher knappen thematischen Impuls, bereiteten das gemeinsame Abendessen zu und beschlossen diese Treffen mit einer kurzen Andacht im Turmraum unserer Kirche.

Diese Erfahrung zeigt: Ein regelmäßiger Besuch in anderen Gemeinden kann fester Bestandteil der Konfirmandenarbeit sein. Seine besondere Stärke spielt er jedoch erst dann aus, wenn er ergänzt wird z.B. durch größere Blöcke (wie unsere Pilgerreise), durch ein weiteres monatliches Treffen in anderer Form an einem Wochentag oder durch begleitende Projektzeiten im Rahmen der KA (Gemeindepraktikum, Tischgruppenzeit in Elternhäusern etc.).

Eine ganz wesentliche Einsicht, die auch ich selbst als Unterrichtender im Laufe solcher KU-Jahrgänge gewinnen konnte, ist: Es ist gut, die Vielfalt von Gottesdienstformen, von Frömmigkeit und von gemeindespezifischem „Stil" zu erleben. Damit öffnet sich eine kleine klerikale Welt und auch die Jugendlichen können entdecken, dass es lohnt, nach dem passenden Ort, der zu mir passenden Form, nach meiner Frömmigkeit zu suchen, wenn man dort, wo man gerade steht noch nicht zu Hause sein kann. Vielfalt bedeutet eben auch Option. Viele Möglichkeiten zu haben ist ein Gewinn.

3 ERFAHRUNGEN IN DER ELTERNFREIEN ZONE

KONFUS-WG UND ANDERE LEBENSFORMEN

Fährt man von Bremen aus ins Emsland, dann kommt man beinahe zwangsläufig durch den kleinen Ort ELTERN. Unterwegs zu Stillen Tagen im Kloster Frenswegen ergab sich dieses kleine Erlebnis für mich beinahe jedes
Jahr. Schmunzelnd fuhr ich am Ortseingangsschild vorbei und malte mir
ein dazu passendes Ortsausgangsschild aus, denn in der Realität kann ich
mich bis heute nicht daran erinnern, ein solches gesehen zu haben.
Eltern, durchgestrichen!
Nicht wirklich ein „nettes Schild", aber ein Anreiz, über die Mehrdeutig-
keit dieser Botschaft nachzudenken. „Elternfreie Zone" könnte das bedeuten. „Hier leben wir eigenverantwortlich!"

Gedankensprung:

„Die Natur ist das komplexeste Lernarrangement, das wir kennen", so
schrieb es vor einigen Jahren ein großer erlebnispädagogischer Bildungs-
anbieter in ganzseitigen Anzeigen. Das mag stimmen, doch was ist die Natur in dieser Hinsicht angesichts des komplexen Arrangements, das dort
entsteht, wo mehrere Menschen das Zusammenleben üben? Im Miteinander der Menschen bewährt und bewahrt sich der Glaube jedes Einzelnen.
Hier gewinnt die Beziehung Gottes mit uns Menschen eine wahrnehmbare
Gestalt.
Im Alltag der Jugendlichen allerdings, die heute zu uns in die Konfirmandenarbeit kommen, finden sich immer weniger christliche Elemente. Immer seltener kommen Gespräche über Fragen des Glaubens im Miteinander der Familien vor. Immer weniger christliche Rituale werden gepflegt
(Tischgebet, Abendgebet, gemeinsamer Gottesdienstbesuch, Bibellese
etc.). Mit Beginn der KU-Zeit tragen dann oftmals wir Unterrichtenden all
dieses beinahe wie eine Fremdsprache an die Jugendlichen heran.
Sicher ist das nicht immer und überall der Fall, in der Tendenz ist es aber
wohl vielerorts der Alltag im KU.

Darum geht's:

Den Jugendlichen intensive und ausführliche gemeinsame Wohnphasen
ermöglichen, um mit ihnen aus dem Alltag heraus KU-Themen anzugehen.
Christliches Glauben und Leben wieder dort verorten, wo es einmal seinen
Ursprung nahm: im Alltag und Zuhause der Menschen.

So geht's:

Das Vorhaben „Konfus-WG" wird vorgestellt

Im Sommer 2010 begannen wir, Familien, deren Kinder im kommenden KU-Jahrgang sein würden, die Idee vorzustellen, den Unterricht in Form eines Zusammenlebens in einer WG anzubieten. Wir wollten in Erfahrung bringen, ob dieses Vorhaben überhaupt bei den zukünftigen Adressaten und ihren Eltern Akzeptanz finden könnte. Vorab hatte sich der Kreis der Ehrenamtlichen intensiv mit diesem Konzept auseinandergesetzt und vor allem seine Machbarkeit einer kritischen Prüfung unterzogen. Immerhin musste über ein Jahr sowohl die Nutzung einer angemieteten Immobilie sichergestellt werden, als auch die Betreuung der sich vor Ort abwechselnden KU-Gruppen über einen langen Zeitraum verlässlich organisiert werden. Mit dem O.K. und großer Begeisterung der Ehrenamtlichen im Gepäck wanderte die Idee weiter in die Runde der Hauptamtlichen und in den Kirchenvorstand, wurde präzisiert, in den Rahmenbedingungen erweitert und letztlich dem Initiativkreis aus der Jugendarbeit zur Umsetzung übertragen.

Jetzt also waren die Familien gefragt – und eine große Zahl möglicher Teilnehmerinnen und Teilnehmer meldete sich zurück.

Im Herbst ging die Umsetzung in die nächste Runde. Parallel zur Anmietung des Hauses und dem Verfassen vieler Förderanträge an Landeskirche, Stiftungen, Ortsbeirat usw. wurde das Vorhaben allen 140 angemeldeten Jugendlichen als ein Weg, als „ihr" Weg der Vorbereitung auf die Konfirmation angeboten. Wie auch in anderen Jahrgängen gaben diese dann per Ankreuzkarte ihre Erstwahl, sowie Zweit- und Drittwahl bekannt. Etwa 30 Jugendliche und ihre Familien benannten die WG-Variante dabei als ihre erste Wahl; eine gute Ausgangsposition für das ungewöhnliche Vorhaben, das auf jeden Fall viel Vorschussvertrauen und Wohlwollen beanspruchen würde. Hier kam sicher die Größe der Gemeinde, vor allem ihre große Konfirmandenzahl, dem Vorhaben zugute.

Kennenlernen

Anfang des neuen Jahres waren die 30 Jugendlichen gefunden und informiert, die später in drei Zehner-Gruppen das Haus abwechselnd bewohnen sollten. Bei einem dreitägigen Auftakt- und Kennenlernblock im eigenen

Gemeindehaus wurde der Grundstein für das Wohnprojekt gelegt. In wechselnden Aktionen lernten sich die Jugendlichen untereinander kennen und wir machten uns ein Bild von den zukünftigen WG-Bewohnerinnen und -Bewohnern. Außerdem nutzten wir die Zeit, um das Wohnvorhaben genauer vorzustellen und besuchten am zweiten Nachmittag dann auch gemeinsam das noch leerstehende Haus. Sehr still durchschritten viele dabei das noch wenig wohnliche alte Gemäuer – kaum vorstellbar, dass dies ein „Zuhause" werden könnte, der Ort für eine Erfahrung der ganz besonderen Art!

Nach dem zweiten Tag gingen wir mit kleinen Wunschzetteln der Jugendlichen („Mit wem ich mir vorstellen könnte, das Haus zu bewohnen") in Teamklausur. Während die Konfirmandinnen und Konfirmanden schon schliefen, machten wir 3x10 aus dreißig Jugendlichen. Nicht alle Wünsche konnten (und sollten) in Erfüllung gehen. Wir suchten die gute Mischung aus vertraut und neu, aus Jungen und Mädchen, aus scheinbar sehr selbstständigen und noch sehr unbedarften Kandidatinnen und Kandidaten.

Am dritten Tag stellten wir der Gruppe unseren Vorschlag vor und konnten ihn letztlich aufrechterhalten. Am Spätnachmittag gingen wir dann auch in die zukünftigen drei Gruppen. Ein Abendessen wurde gemeinsam vorbereitet, ein Raum des Gemeindehauses als Esszimmer der Wohngruppe eingerichtet und der Tisch gedeckt. Mit einzelnen der Betreuerinnen und Betreuern verbrachten immer zehn der Jugendlichen diesen Abend gemeinsam und saßen nun erstmals als Gruppe am gemeinsamen Tisch. Noch nicht in der WG, aber die mögliche Gemeinschaft war schon spürbar und nahm hier ihren Anfang.

AUFLAUF – alle Konfis zusammen im (Gemeinde)Haus!

Der Auftaktblock ging zu Ende, der Einzug in die WG musste aber noch warten. Die vier Monate bis zum Start der Wohnphasen nutzen wir alle zum einen für Renovierung und Einrichtung des Hauses, zum anderen aber auch für das Etablieren einer wichtigen ergänzenden Arbeitsform: Dem AUFLAUF. Auflauf, so nannten wir den immer am ersten Montag jeden Monats stattfindenden Abend mit allen WG-Jugendlichen der drei Wohngruppen. Er hielt die Großgruppe zusammen, diente jeweils auch der

Vorbereitung anstehender Wohnphasen sowie jedes Mal auch einem der KU-Themen, die sich gut in der Großgruppe angehen ließen. Auflauf, das hieß aber immer auch: Gemeinsames Essen. Oft hatte die Drittelgruppe, die das Haus aktuell bewohnte, für alle gekocht und das Essen dann mit ins Gemeindehaus gebracht. Manchmal kochte auch das Team oder wir beschränkten uns auf leichte, schnell zubereitete Kost. Der Auflauf sorgte aber neben Gemeinschaft und Zusammenhalt, neben KU-Input und wichtigen Absprachen für etwas sehr Wichtiges: Das Gemeindehaus und die Kirche (immer Ort der Schlussandacht jedes Auflauf-Abends) wurde und blieb neben dem WG-Haus ein bekannter und ein wesentlicher Ort der KU-Zeit.

Einzug / Erste Wohnphase

Anfang Mai zogen dann die ersten zehn Jugendlichen in das gemeinsam renovierte Haus mit großem Garten ein. Fünf Doppelzimmer, eine Küche, Wohn- und Essraum, ein kleiner Wintergarten und ein Raum für Hausaufgaben und PC-Aktivitäten waren vorbereitet. Dazu ein weiteres Zimmer, in dem immer zwei zumeist ehrenamtliche Betreuerinnen oder Betreuer vor Ort waren, mitlebten, als Ansprechperson fungierten und tagtäglich den Spagat zwischen „Laufenlassen um der eigenen Erfahrung willen" und „Ordnen, Beraten, notfalls Bestimmen um des allgemeinen Friedens, der Hygiene oder der Aufsichtspflicht willen" meistern mussten. Konfus-WG, ein stetiger Prozess.

Mit einem Gottesdienst im großen Garten wurde aus der fixen Idee wahrnehmbare Wirklichkeit, das nachgemachte „Eltern"-Ortausgangsschild diente als Predigtgrundlage, das Frühjahrsgrün als Sinnbild des Neubeginns.

Die erste Wohnphase war vor allem durch das notwendige Sich-selbst-Organisieren der einzelnen Wohngruppen geprägt. Vier Wochen lang konnte eigenverantwortliches Leben auf allen Ebenen (Einkaufen, Putzen, Kochen, Wäsche waschen etc.) geübt werden. Und auch wir Mitarbeitenden fanden in dieser Zeit zu unserer Rolle.

METHODEN

... und wo ist jetzt der Konfirmandenunterricht?

Der findet sich beinahe von ganz alleine!

Denn tatsächlich: Kaum war ein gemeinsamer Lebenszusammenhang geschaffen, trat so etwas wie „Alltag" ein, schon stand die Tür zum Religiösen weit auf. Wir Unterrichtenden übten uns im assoziativen Handeln, im Unterricht, wenn er sich nahelegte. Da war am Tag drei auf einmal das ganze Whiteboard im Wohnraum mit Absprachen beschrieben: Wer darf was? Wann wird gewaschen? Klopft man an fremden Zimmern an? Was ist mit externen Gästen? Wann wird ferngesehen, von wem und vor allem was? Gibt es PC-Nutzungszeiten, damit alle mal ihre „Social Network-Verpflichtungen" erledigen können? Kaum zu glauben: Alles hatten die Jugendlichen in der täglichen Abendrunde so nach und nach besprochen und geregelt. Wirft man da am Kaffeetisch die Frage ein, ob denn jetzt alle WG-Leute zu „Regel-Fans" geworden sind, erntet man zunächst verhaltene Empörung, dann leise Zustimmung – und die Tür ist offen für ein Gespräch über die Situation damals in der Wüste, als die neue Lebenssituation auch Regeln unumgänglich machte und es einen gab, der sich auf diese Weise „um seine Leute kümmerte". Zehn Gebote – klar, davon hatten unsere Konfis schon gehört. Aber dass das mit ihren Whiteboard-Absprachen irgendwas zu tun haben könnte ...!?

Tatsächlich bot der WG-Rahmen Raum und Ausgangspunkt für unzählige, bislang nicht genutzte Formen der Vorbereitung auf die Konfirmation. Einige davon sind an anderer Stelle in diesem Buch beschrieben (Biblisch kochen, Konfirmationsspruch-Briefwechsel, Ikonen und Wertvoll-Wort). Aber gerade die Bezugnahme auf Alltägliches gab den Unterrichtsthemen dieses Jahrgangs ihre ganz besondere Qualität. Die Notwendigkeit von Ordnung führte uns zur Liturgie, Gäste brachten ihre Themen ein (und lehrten die Jugendlichen, Gastgebende zu sein!), die Paulusbriefe flatterten zum Teil tatsächlich als Brief ins WG-Leben hinein und wollten in der Abendrunde bedacht sein. Das aufgestellte WG-Schild wurde durch einen (Verkehrs)Schilderwald zu den 10 Geboten ergänzt, und die stets präsente Frage nach der Haushaltskasse sorgte für einen Abend rund um das Thema „Die Kirche und ihr Geld".

Zweite Wohnphase

In der zweiten Wohnphase knüpften die Jugendlichen an ihre Wohner-fahrungen an und so entstand schnell „Alltag" in der Meierhofstraße. Gemeinsam leben und trotzdem weiter seinen üblichen Hobbies und Ak-tivitäten nachgehen; Verantwortung für das Haus und das Gelingen des Miteinanders übernehmen; mal feiern und auch mal streiten; Konfus zum Teil zu festgelegten Zeiten und eben auch mal da, wo sich ein Thema ge-rade nahelegt.

In Sachen Unterricht ersetzte das besondere Setting den geplanten Un-terricht. Alle Mitarbeitenden, egal ob haupt- oder ehrenamtlich, mussten sprachfähig sein für bestimmte Situationen und Themen. Das erwies sich als große Herausforderung. Ein Themen- und Materialpool im Internet wuchs Woche für Woche, allabendlich brachten WG-Mails das gesamte Team auf den Tagesstand. Rückblickend sind diese 300 Mails ein wunderbares Tage-buch der Zeit vor Ort. Auch die Jugendlichen hielten ihre Erfahrungen fest: Ein Web-Blog wurde über das ganze Jahr geführt und ermöglichte so auch den Eltern und den Jugendlichen, die gerade nicht im Haus wohnten, am Geschehen teilzunehmen. Die Eltern nutzen außerdem einen monatlichen Stammtisch zum Austausch über ihre Erfahrungen mit dem zeitweisen Los-lassen der Jugendlichen. Nicht nur das Zusammenleben erwies sich da als „komplexes Lernarrangement" …

Abschied

Im Frühjahr kamen dann nach und nach alle drei Gruppen an das Ende ihrer Wohnzeit in der Meierhofstraße 1. Mit einer meditativen Hausbe-gehung verabschiedete sich jeder Einzelne vom Haus. Zunächst als etwa einstündige Aktion gedacht, eigneten sich die Jugendlichen das Vorhaben schließlich komplett an und waren gut drei Stunden einzeln im Haus un-terwegs. Ein Abschied nach Bedarf – für uns Betreuerinnen und Betreuer ein bewegender Moment.

Wir hatten uns vor der Haustür gesammelt, so wie „damals", als wir zum ersten Mal das Haus betraten. Klaviermusik durchströmte alle Räume. Mit einem kleinen Heft in der Hand ging jeder nun alle Räume ab. Die Fragen gingen vom Raum (Heizungskeller, Arbeitszimmer, Wohnraum …) oder der Situation („Du stehst im Flur", „Du klopfst an", „Du machst deine Zimmertür hinter dir zu" ...) aus und führten zur Auseinandersetzung mit eigenen Gefühlen, mit Gedanken und dem eigenen Leben: Was möchte ich möglichst weit hinten im Abstellraum einlagern? Woher nehme ich meine Lebenskräfte? Kann ich drei Dinge nennen, die mir Lebensenergie schenken; oder drei Menschen? Über das Waschen „schmutziger Wäsche" kommen wir zum „reinen Tisch machen" und vergewissern uns an der letzten Station: „Mein ganzes Leben soll dein (Gottes) Haus sein", sagt das Lied zu diesem Hausrundgang. Was könnte das bedeuten? Wie kann mein Leben eines von vielen Zuhause Gottes sein? Ist es möglich, dass Gott bei mir wohnt? In mein Leben einzieht? Wünsche ich mir das? Möchte Gott das? (Was macht mich bei meiner Meinung so sicher?)

In der Konfirmation wird es dir zugesagt: "Ja, Gott möchte dich bei sich haben und in deinem Leben Wohnung nehmen. Mal sehen, was ihr beide aus der gemeinsamen WG-Zeit macht ...!"

Erfahrungen

Die Konfus-WG war von vorneherein als Einmal-Vorhaben ausgelegt. Wiederholung nicht geplant. Das ist an sich nichts Ungewöhnliches in unserer Gemeinde, denn die konsequente Projektarbeit lebt von der Einmaligkeit der Vorhaben und von der Tatsache, dass Dinge aufhören und damit Platz für Neues machen. Ein wenig wehmütig denken manche an diesen Jahrgang zurück. Doch das Ende des Projekts ist ja noch lange nicht das Ende seiner Einzelheiten. So fand mittlerweile manche Arbeitsform Einzug in andere KU-Konzepte und -Aktionen. Und ein größeres Verständnis für die Lebenswelt und die jeweilige Relevanz von Themen der Jugendlichen ist uns Unterrichtenden erhalten geblieben. Insofern war die WG auch für uns an vielen Stellen ein „Aha-Erlebnis". Für die beteiligen Jugendlichen und ihre Familien war das „Wohnen mit Gott", wie das einmal eine Zeitung aus einem Statement unserer Konfirmanden zitierte, eine ganz wesentliche Lebenserfahrung. Einfache Rituale wie das Tischgebet, die abendliche Besprechung der Tageslosung oder die morgendliche Bibellese am Frühstückstisch nahmen manche mit in ihren Alltag. Gemeinde ist zum Lebensort geworden, diesmal nicht nur „nebenbei", sondern „ganz und gar".

VARIANTEN

... und wenn man kein Haus mieten kann oder will?

Ein Statement der Kritiker: Warum überhaupt so einen Aufwand treiben, wenn es letztlich kein neues KU-Modell für alle zukünftigen Jahrgänge sein kann?

Weil es so wertvoll ist, dass man es auf jeden Fall einmal gemacht haben sollte, wenn man die Möglichkeiten dazu hat!

Wie wunderbar kann es sein, auch das einmal zu tun, was mehrmals gar nicht möglich oder wünschenswert ist!

Es geht ja nicht darum, nun dauerhaft ein Haus anzumieten. Es kann (und sollte) vielmehr darum gehen, mit Augenmaß nach Settings zu suchen oder sie zu ermöglichen, in denen aus dem alltäglichen Zusammenleben der Konfirmandinnen und Konfirmanden heraus „unterrichtet" werden kann. Als Varianten sind da Wohnphasen in Gemeinderäumen während der Schulzeit, Aktionen auf Freizeiten oder „Gemeindewohnen in den Ferien" denkbar.

Entscheidend ist dabei die Eigenverantwortlichkeit, das Einlassen auf Gemeinschaft und christliche Rituale.

So kann das befristete Ausziehen von zu Hause den Grundstein legen für ein „Einziehen" in eine Beziehung zu Gott. Denn die Kehrseite des ~~ELTERN~~-Schildes könnte (so ein Gedanke eines Jugendlichen aus der WG-Zeit) vertrauensvoll auch „Vaterunser" heißen.

Im Anhang ab Seite 155 finden sich Gestaltungsvorschläge für einen Konfirmationsgottesdienst auf Grundlage der hier vorgestellten Methode.

4 COLD CASES –
IST DIE SPUR WIRKLICH SCHON KALT?

SCHOLA DEI

Jakobus und Franz von Assisi, die Zisterzienser vom ehemaligen Kloster Ihlow und auch ihre Mitbrüder aus Loccum und Volkenroda – sie alle sind Altfälle, „cold cases".
Lange zurückliegend. Mehr oder weniger abgeschlossen und geklärt.

Wo die Kriminalistik vom „Altfall" spricht, dessen Spuren längst kalt sind und der nur Personen betrifft, die längst Geschichte sind, genau da kann Spurensuche zu ganz neuer Aktualität verhelfen. Ferne Vergangenheit kommt uns nahe und kann unsere Zukunft prägen.
Und so kann die Spur des Glaubens, die Menschen vor Hunderten oder gar Tausenden von Jahren hinterlassen haben, in unserer heutigen Konfirmandenarbeit ein ganz besonderer roter Faden sein, an dem sich ein ganzes KU-Jahr orientiert.
Diese Erfahrung konnten wir in den vergangenen Jahre unter anderem auf dem Pilgerweg Loccum-Volkenroda machen. Und auch der ostfriesische, nur rund 40 Kilometer lange Pilgerweg vom ehemaligen Kloster Ihlow zur Stadt Norden lässt eine solche Spurensuche und ein „Beten mit den Füßen" auf unkomplizierte Weise zu.
„Schola Dei", die Schule Gottes wurde der Weg bei seiner Eröffnung im Jahr 2007 getauft, wobei der Name auf den mittelalterlichen Titel des Ihlower Klosters zurückgeht. Schule Gottes, darunter verstand sich früher häufig beides: Ein Lernort, der von Gottes Geist durchdrungen und bewegt ist, und ein Ort, um von Gott und seiner Welt immer mehr zu verstehen.
Als solcher Lernort, als „Schola Dei", kann ein gemeinsam gegangener (Pilger-)Weg die Arbeit mit den Konfirmandinnen und Konfirmanden auf besondere Weise anhaltend prägen.

Darum geht's:

Religiöse Spurensuche mit Konfirmandinnen und Konfirmanden. Im Rahmen gemeinsamer Pilgeretappen lassen sich Jugendliche und Unterrichtende sowohl von der Lust an der Entdeckung als auch vom Gewinn des Unterwegs-Seins leiten.

So geht's:

Das Gemeinsame der bislang von mir durchgeführten Pilger- bzw. Spurensuche-Projekten lässt sich in 12 Punkten schlaglichtartig so wiedergeben:

ERKENNTNIS: Wir sind mittendrin!

Nahezu jedes Spuren-Suche-Vorhaben beginnt mit einem eigenen Anknüpfungspunkt. Und der muss gar nicht so groß und bedeutend sein!

Auf einer Karte mittelalterlicher Pilgerwege entdecken wir unsere Heimatstadt: Teil eines schier unendlichen Netzwerks aus Wegen, die jeden Winkel Europas mit Santiago de Compostela verbinden. Wir: Mittendrin! Historische Persönlichkeiten begegnen uns im Schulunterricht. Eine Kleinigkeit ihres Lebensweges regt an, lässt eine Verbindung zum eigenen Lebensweg zu. In räumlicher Nähe zu unserer Stadt künden Gebäude oder Namen von Ereignissen oder Personen der Vergangenheit. Oder ein historischer Weg läuft vorbei – Handelsstraße, Pilgerweg oder bekannte Reiseroute berühmter Reisender. Der Anfang jeder Spurensuche ist die Lust an der Erkenntnis, dass wir von eben solchen Spuren auf Schritt und Tritt umgeben sind.

Anfangsmotivation: ZIEL

„Na, wo soll's denn hingehen?"

Ist man erst einmal unterwegs, begegnet uns diese Frage immer wieder. Und zunächst beantworten wir sie auch gerne. Ist doch ein „attraktives", ein konkretes Ziel oft der größte Teil der Anfangsmotivation! Natürlich, wir wollen nach Rom, nach Santiago, Volkenroda, Assisi usw. – man muss doch wissen, wohin es geht!

Verwundert blickte der freundliche ältere Herr uns an, dem irgendwo zwischen Loccum und Volkenroda auf eben diese Frage ein „Wir haben Lust unterwegs zu sein!" entgegenschlug. Damit hatte er nicht gerechnet. Für uns Unterrichtende markierte vor ein paar Jahren diese Antwort jedoch einen wichtigen Wendepunkt eines Pilgerprojekts:

Unterrichtsort: WEG

Das Ziel verliert (nach und nach) an Bedeutung. Und mit ihm auch das Ankommen. Beides macht Platz für die Wertschätzung des Unterwegs-Seins. Und so ist man auch nicht auf dem Weg zum Unterricht, sondern der Weg ist Unterrichtsort und Unterrichtsprinzip. Er verändert unsere Haltung, unsere Zeitgestaltung und unterteilt den Tag in Etappen, in Strecken zwischen bedeutsamen Wegpunkten. Bedeutsam deshalb, weil Historisches oder auf andere Weise Wesentliches dort zu entdecken ist oder weil es der Platz für Mittagspause, kurzes Sammeln, Start einer „stillen Wanderzeit allein" o.ä. ist. Am Wegesrand gibt es Zeichen zu deuten, Menschen zu treffen oder Plätze, um in einer Studierstunde miteinander im Gespräch zu sein.

Luxusgut: ZEIT

„Und was machen wir da so den ganzen Tag beim ... Pilgern ...!?"
Diese Frage von Konfirmandinnen oder Konfirmanden, denen wir Pilgerwege als Unterrichtsmodell vorstellen, ist gut nachzuvollziehen. Liegt der Wert von Zeit für uns Menschen doch meist darin begründet, dass wir Tolles erleben oder die Zeit so verbringen dürfen, wie es uns gefällt („Wann haben wir endlich Freizeit?").
Die Auskunft, dass wir nun tagelang Zeit damit verbringen, einfach nur „unterwegs zu sein", sei es zu Fuß, auf dem Rad oder sonst wie, verspricht zunächst noch nicht viel Gewinn.
Doch dann bekommt die Zeit auf einmal ihren ganz eigenen Rhythmus: Ein Tag reiht sich beinahe unbemerkt an den nächsten. Der morgendliche Aufbruch gerät zur liebgewonnenen Selbstverständlichkeit. Im Kreis stehend sprechen wir einen kurzen Psalm oder starten mit einem anderen Ritual. Ist man erst auf dem Weg, entwickeln sich Gespräche von ganz alleine. Die Gesprächspartner wechseln. Und manches Wegstück geht man einfach mal für sich. Im Leitungsteam sitzen wir abends noch beisammen und führen unser Projekt-Tagebuch. Wir machen Pläne, notieren Themen, über die wir heute mit den Jugendlichen im Gespräch waren und reden über alles, was dieses Projekt ausmacht: über „Heute" (Reflexion), über „Morgen"

(Planung) und über „die Kinder". Manchmal empfinden wir die dafür investierte Zeit als lang. Aber wir sind uns einig in dem Gefühl, dass diese Zeit zugleich einen Luxus, einen Gewinn des Unterwegs-Seins darstellt. Nirgends sonst gibt es so viel Raum für die Beschäftigung mit Einzelnen. Das prägt die Qualität unserer Beziehungen nachhaltig.

Weniger ist mehr – Beschränkung auf das WESENTLICHE

Pilgerwege, Unterricht unterwegs – das bedeutet vor allem auch, alle Habe, alles Gut auf dem Rücken oder dem Fahrradgepäckträger mit sich zu führen. In der Gruppe sprechen wir daher vorher ausführlich über das Gepäck. Ist doch jedes überflüssige Gramm unterwegs eine vermeidbare Belastung. Aber was muss wirklich mit dabei sein? Was brauche ich für die vor mir liegende Zeit? Oft ist diese Frage Ausgangspunkt für sehr grundsätzliche Gespräche über Lebensweisen und Lebenswert. Die Gruppe bekommt ein Gespür dafür, dass an kleinen, ganz praktischen Fragen größere und wichtige Themen unseres Lebens hängen. Ein guter Start in eine Zeit, in der praktisches Tun und Glaube immer mehr ineinandergreifen und das eigene Leben betreffen.

Unterrichtsmaterial: PILGERPASS und BREVIER

Auch beim Unterrichtsmaterial ist Beschränkung auf das Wesentliche angesagt! Oft reicht die Bibel allein aus. Wir lesen reihum, hören uns in die ungewohnte Sprache Martin Luthers ein, klären die Fragen, die uns „vor die Füße fallen", und versuchen am Ende jedes Kapitels einen Austausch über das Gehörte. Manches erscheint uns so wichtig, dass wir es uns in den Buchdeckel unserer Bibeln schreiben. Nicht nur Bibelworte, auch manche Äußerung einer Mitkonfirmandin oder eines Mitkonfirmanden findet dort ihren Platz. Bei einigen Projekten ergänzt ein kleines Heft (nach dem Stundenbuch der Mönche „Brevier" genannt) unsere Ausrüstung. Darin finden sich ein paar Texte und Liedstrophen abgedruckt, die wir unterwegs benötigen. Auch ein Ablauf für Morgenkreis und Abendabschluss ist vorhanden. Ansonsten sind die Seiten leer und bieten Platz für Notizen und eigene Gedanken.

Großzügiges Geschenk GASTFREUNDSCHAFT

Schnell richten wir uns im Unterwegs-Sein ein. Gastfreundliche Gemeinden am Wegesrand haben wir zuvor angefragt, zu 95 % kommt eine Zusage. Die Welt ist deutlich gastfreier, als wir zu glauben wagen. Das flächendeckende Netz der „Filialen Gottes auf Erden" ist zudem dicht genug, um auch auf Wandertouren immer wieder vor Ort ein Dach über dem Kopf zu finden. Für die Jugendlichen entsteht so ganz nebenbei eine ungewöhnliche Normalität, ein besonderer Blick auf Kirche: Sie ist ein Ort zum Leben. Gut 350 Gemeinden in ganz Deutschland und in den Nachbarländern konnte ich so in den letzten 20 Jahren kennenlernen – auch für uns Unterrichtende bietet sich eine besondere Erfahrungswelt, wenn wir uns einladen lassen, statt uns in Jugendherbergen oder Gästehäusern einen Anspruch zu „erkaufen".[1]

Zuhause im UNTERWEGS

Erstaunlich ist es, mit wie wenig an Abwechslung und „Programm" die Gruppe und die Einzelnen auskommen. Indem wir uns auf ein solches Vorhaben einlassen, geben wir auch dieser intensiven Erfahrung miteinander Raum. Mit dem Aufbruch ist bereits der größte Beitrag geleistet: Wir nehmen uns Zeit für unser Vorhaben, haben plötzlich keine Termine „nebenbei" oder im Anschluss. Wir sind unterwegs und genießen das Gefühl, Zeit zu haben. Dieses Gefühl bestimmt auch die Atmosphäre an den Tagen unterwegs. Selten kommt Hektik auf. Vieles ist möglich. Immer wieder mal halten wir ungeplant an, weil Interessantes oder Ungewöhnliches zu sehen ist. Der morgendliche Aufbruch, das Packen, das Putzen des Gemeindehauses und Zusammenstellen des Tagesproviants, alles entwickelt sich nach und nach zur Normalität. Jeder Tag sorgt für sich. Ungewiss, wie es dort ist, wo wir heute Abend wieder ein Zuhause finden. Wir leben „von der Hand in den Mund" – von Gottes Hand in unseren Mund.

---

1   Einige grundsätzliche Überlegungen dazu finden sich in: Niermann, Dieter: KU-Praxis 53. Mit dem Wartburg zur Wartburg © Gütersloher Verlagshaus, Gütersloh 2009, S. 89 f.

Auf Planung verzichten – Sich BEGEGNUNGEN öffnen

Neben dem Entdecken und Wiedererkennen von Symbolen und Zusammenhängen kirchlicher Tradition und gemeindlicher Realität spielen vom ersten Tag an die Begegnungen mit den Menschen unterwegs oder in den gastfreundlichen Gemeinden eine wichtige Rolle. Als Gruppe zu Fuß oder per Rad unterwegs werden die Jugendlichen häufig auf ihr Vorhaben angesprochen. Oft genießen sie dann die Anerkennung durch Erwachsene, ihr Interesse und ihre guten Wünsche für den Weg. Die Gespräche bieten aber auch Gelegenheit, dazuzulernen. Zum einen berichten die Menschen, denen wir begegnen, von eigenen Erfahrungen mit Kirche und Glauben. Sie wissen um ihre Kirche, ihre Umgebung und können Spezielles beisteuern. Zum anderen bieten ihre Fragen den Jugendlichen Gelegenheit (und Notwendigkeit), selbst Auskunft zu geben. Eine gute Gelegenheit, dankbar einbringen zu können, was man schon für sich erfragt und erfahren hat. Eine gute Gelegenheit auch, um sprachfähig zu werden für das, was man denkt, was einen bewegt. So ist es ein schönes Gefühl für uns aus dem Leitungsteam, „unsere" Jugendlichen ein wenig aus der Distanz in solchen Gesprächen zu erleben: Wie sie einander unterstützen und schon mal korrigieren. Wie sie bemüht sind, richtig und verständlich Auskunft zu geben. Wie sie in ihren Erzählungen Schwerpunkte setzen, ganz anders oft, als wir es tun würden, aber so wie es ihnen wichtig erscheint und wie es sie betrifft und bewegt.

Manche dieser Begegnungen sind leise und beinahe nebenbei: beim Brötchenholen oder bei der Rast vor dem Supermarkt. Andere sind außergewöhnlicher und bleiben länger in Erinnerung: Mit einem Jakobus-Projekt treffen wir mitten in Köln unseren ersten „echten" Jakobspilger. Gerade ist er aus dem Zug gestiegen und hat die Hohenzollernbrücke überquert. Hier ist er zuhause. Drei Monate lang war er unterwegs und ist nun aus Santiago zurück. Schnell umringen ihn die Jugendlichen und erfragen die Dinge, die sie bewegen: Ob er mal umkehren wollte. Ob es schön ist, da in Santiago. Ob er noch mal auf Pilgerschaft gehen würde. „Na klar", sagt er, „es war doch jetzt schon mein viertes Mal! Und nach Santiago zieht's mich immer wieder!" Sein Rucksack ist abgenutzt, seine Jakobsmuschel wirkt längst nicht mehr so künstlich und neu wie die unseren. Sein Gesicht ist frisch, seine Stimme freundlich. Die Begegnung mit ihm ist etwas Schönes.

„Merkwürdig", sagt eine Konfirmandin beim Abendschluss, „da haben wir mit dem einfach so geredet und dabei ist er doch eigentlich ein ganz fremder Mensch!"

ZEICHEN deuten

„Die Gunst der Stunde nutzen" beschreibt auch den Umgang mit den vielfältigen Spuren am Wegesrand, mit Gebäuden, Straßennamen, Zeichen und Informationen. Obwohl der Reiseführer im Gepäck ist, haken wir nicht nur die Sehenswürdigkeiten einfach ab, sondern greifen zu einem solchen Buch eher im Sinne eines Nachschlagewerkes, wenn sich uns Gebäude, Zeichen oder Hinweise nicht sofort erschließen. Vieles, das uns Mitarbeitenden selbstverständlich ist, ist für die Konfirmandinnen und Konfirmanden völlig unbekannt. Und viel mehr an Information als das, was wir selbst geben können, ist häufig weder nötig noch vermittelbar. So machen wir uns unterwegs oder in Kirchen und Kapellen am Wegesrand Gedanken über Heiligenscheine an Statuen, über Antependien an Pulten und Altären, fragen uns, warum Paulus nicht mit den Zwölfen auf dem Flügelaltar abgebildet ist und wie man eigentlich am Kreuz zu Tode kam. Vieles wird zum Thema, über das die Ehrenamtlichen von sich aus Auskunft geben können. Wenig wird angesprochen, was den theologisch vorgebildeten Diakon benötigt, und kaum einmal etwas, was des Reiseführers bedarf.

SPUREN lesen hinterlässt SPUREN

Viele Jugendliche, die in den letzten Jahren mit uns auf den Spuren Anne Franks oder Bonhoeffers, Martin Luthers oder des Heiligen Bonifatius unterwegs waren, erzählen heute von vielen prägenden Erfahrungen. Solche Pilgerwege und Themenwege sind offenbar ein guter Ort, um anhand einer Person exemplarisch wesentliche Dinge und Themen des Lebens und des Glaubens zu erfahren. Durch die konkrete Erfahrung, das „Erlaufen" von Erkenntnis, wird lebendig und relevant, was scheinbar tote Geschichte ist. Die Spur ist nicht kalt und sie lässt uns nicht kalt, wenn wir ihr „auf der Spur sind".

„Dabeisein ist alles"

Und irgendwann ist man da!

Auch ein gutes, ein wichtiges Gefühl! Ein wenig Stolz macht sich breit, vor allem aber Erleichterung. Doch die Erfahrung vergangener Projekte zeigt: Ankommen ist tatsächlich nicht so bedeutsam, wenn man erst mal da ist!

In Erinnerung ist mir vor allem der Ausspruch einer Konfirmandin, die aus Santiago mit ihrer Konfus-Gruppe zurückkehrte. Ich selbst konnte das letzte Teilstück durch einen Unfall nicht mitwandern und so fragte ich bei ihrer Rückkehr: „Und wie war's? Habt ihr euch in Santiago die ‚Compostela' (die Urkunde, die den zurückgelegten Pilgerweg bescheinigt) ausstellen lassen?" „Nee", bekam ich zur Antwort, „das muss doch keiner irgendwie unterschreiben! Das haben wir doch alles erlebt!"

Eine besondere, eine ungewöhnliche Zeit hatte in Santiago ihren Abschluss gefunden; ihren Wert, ihre Bestimmung jedoch, hatte sie schon auf dem Weg bekommen.

Im Anhang ab Seite 165 finden sich Gestaltungsvorschläge für einen Konfirmationsgottesdienst auf Grundlage der hier vorgestellten Methode.

5 DEN ROTEN FADEN SPINNEN ...

JAHRESTHEMEN ALS HERAUSFORDERUNG BEGREIFEN

Viele Dinge gelingen besser, wenn wir wissen, wohin die Reise geht. In der Arbeit einer Gemeinde kann die Wahl eines Jahresthemas das Erfinden und Planen von Angeboten erleichtern.

Da, wo alles möglich ist, verbleibt das Tun oft im Beliebigen oder gerät unübersichtlich und wenig profiliert.

In der Arbeit mit Kindern und Jugendlichen unserer Gemeinde begannen wir in den 90er-Jahren mit der Orientierung an einem Jahresthema. Später schlossen sich andere Arbeitsbereiche der Gemeinde an. Mittlerweile ist es eine Üblichkeit: Im Juni/Juli küren Ehren- und Hauptamtliche per Doodle-Umfrage oder auch ganz „analog" auf Sitzungen ein Thema für das kommende Jahr. Ist es gut gewählt, dann ist es konkret und zugleich weit genug, wirkt es motivierend und begeisternd. Es sollte allen Altersgruppen Möglichkeit zur Bezugnahme bieten und sich in seinem Charakter deutlich vom Thema des letzten Jahres ansetzen. So wählen wir oft nach eher handlungsorientierten, praktischen Themen für das Folgejahr mehr gedankliche, theoretische Themen. Auf „Hand & Fuß" folgt also eher „Träume" und nicht unbedingt „Form, Klang & Farbe".

Jahresthemen sollten Bezug zu biblischen Kernstellen eröffnen, aber keine biblischen Leitworte oder Losungen sein.

Darum geht's:

Umsetzung von ganzjährigen oder kurzfristigen KU-Projekten und Wahl unterschiedlicher Methoden aufgrund der Orientierung an einem Jahresthema. Indem solche Themen das Planen des kommenden Jahrgangs scheinbar einengen, spülen sie uns Ideen und zunächst skurril wirkende Assoziationen und Methoden in den Kopf, die es dann lohnt, hin und her zu wenden und womöglich in die Tat umzusetzen.

So geht's:

Jahresthemen nehmen die Fantasie an die Hand

Jahr für Jahr im Spätsommer beraten ehrenamtlich und hauptamtlich Mitarbeitende in den einzelnen Arbeitsfeldern der Gemeinde ihre Vorhaben für das kommende Jahr. Das zuvor gewählte Jahresthema hilft uns, nicht bei null anzufangen. In einem ersten Schritt sammeln wir Assoziationen zum Begriff oder zum Wortfeld. Es hilft, dabei zunächst das Wort als solches in den Mittelpunkt zu stellen und nicht sofort an Veranstaltungen, Aktionen oder Methoden zu denken. Viele Begriffe und Themen, die in den Sinn kommen, regen zum Schmunzeln an, die Atmosphäre ist locker. Was gesagt wird, muss noch lange nicht zweckdienlich sein. Spinnerei ist angesagt! Bemerkenswert ist es trotzdem, dass manch erste Reaktion, manch Stichwort, das eher augenzwinkernd eingeworfen wurde, später doch Eingang in ein fertiges Konzept findet.

Ein zweiter Schritt hilft uns dann konkreter zu werden. Große Handlungs- und Gedankenstränge werden sichtbar. Das Thema bekommt seine Unterthemen. Mit der Liste der „klassischen" KU-Themen im Kopf kommen schnell Assoziationen und erste Anknüpfungspunkte in den Sinn. Wir ziehen ihn nach und nach ein, den roten Faden des neuen Jahres in die Themen des KU und geben diesen damit eine spezifische Prägung. Wir machen so das (uns) Altbekannte auch für uns wieder ein Stück zum Neuland, das uns anschließend einlädt, betreten und gestaltet zu werden.

Die später erscheinende Terminkarte für die Konfirmandinnen und Konfirmanden (oder das komplette Jahresprogrammheft der Gemeinde) macht dann die Mühen der Vorbereitung deutlich.

Die Etappen und Aktionen, die angekündigt werden, wirken einladend und überlegt. „Mensch, da steckt ja ein Konzept dahinter!" Nicht immer ist das ja so – vor allem nicht, wenn wir mal wieder „just in time" arbeiten und im Aufbruch zur KU-Stunde das Arbeitsbuch aus dem Regal ziehen.

Hat unser Tun nun mehr Profil, eine wahrnehmbarere Gestalt, dann sollten wir uns auch übers Jahr die Mühe machen, es gut zu dokumentieren. Denn vieles wird es ja nur einmal geben – eben nur in diesem Jahr und unter diesem Thema. Eine Fotowand kann Woche für Woche gefüllt werden. So bekommen auch andere Gruppen und Arbeitsbereiche die Chance, mitzuerleben, was im Bereich der KA aus dem Jahresthema gemacht wird.

Gottesdienste an zentralen Punkten im Jahr nehmen das Thema auf und können bestimmte Aspekte auf ihre Weise verdeutlichen. Eine gute Gelegenheit auch, Jugendliche und ihre Eltern ausdrücklich auf diese Termine hinzuweisen, finden sich dort auf jeden Fall Verbindungslinien zur laufenden Zeit der Vorbereitung auf die Konfirmation.

Und dann, mitten im Themenjahr, ist schon wieder Gelegenheit zu einem Aufbruch! Ein neues Jahresthema reift heran, erste Ideen werden ausgetauscht, in einzelnen Kreisen und Sitzungen ist das Sammeln von Anregungen ein kleiner Tagesordnungspunkt. Zur Freude am Laufenden gesellt sich die Vorfreude auf das Kommende.

SO SEHE ICH DAS

GUTE GRÜNDE FÜR JAHRESTHEMEN[2]

Jahresthemen verbinden ohne zu vereinnahmen

Eine Gemeinde, erst recht ab einer bestimmten Größe, tut sich oft schwer, gemeinsam aktiv zu sein und zu handeln. Vieles geschieht in gleicher Absicht, im gleichen Geiste, aber eben nebeneinander. Ein gemeinsames Jahresthema kann den autonomen Arbeitsbereichen einer Gemeinde dabei behilflich sein, sich dennoch als verbunden zu erleben. Mehr noch: Auch die Teilnehmerinnen und Teilnehmer von Angeboten, die Gemeinde und die gemeindenahe Öffentlichkeit erfahren ihre Gemeinde als abgestimmt handelnd. Manchmal kommen die Eltern vom Chor oder vom Elternabend im Kindergarten nach Hause und berichten über dieses oder jenes Lied, ein Spiel, eine Bastelaktion o.ä. – und die Kinder oder Konfirmanden kontern mit einem: „Das haben wir auch gemacht!" oder „So etwas Ähnliches machen wir im KU demnächst auch" – kein Zufall, sondern die Auswirkungen eines verbindenden Jahresthemas!

Jahresthemen sind eine Herausforderung

Ein Jahresthema beflügelt nicht nur unsere Fantasie und regt zum gemeinsamen Tun an, es verkompliziert zunächst auch das alljährliche Abarbeiten von festen Themen und Abläufen. Einmal mehr muss jetzt nachgedacht werden! Zum Jahresthema soll es passen! Ein wenig Stress macht das schon und oft spielt man allzu schnell mit dem Gedanken, bei jener Aktion oder für folgende Gruppe den Bezug zum Jahresthema doch besser sausen zu lassen. Aber gerade hier entfaltet sich eine gewisse Energie, eine Chance, die das Gebundensein an ein Thema uns bietet. Natürlich muss im KU-Jahr das Vaterunser bedacht und gelernt, das Glaubensbekenntnis thematisiert werden. Natürlich sollen die Jugendlichen Gottesdienste erleben und verstehen lernen, sollen Gemeinde entdecken und biblische Texte bearbei-

---

2   Überarbeitung eines Artikels aus: Niermann, Dieter: KU-Praxis 53. Mit dem Wartburg zur Wartburg © Gütersloher Verlagshaus, Gütersloh 2009, S. 87-88.

ten. Und das alles nun unter dem Motto „Zeit", „Horizonte", „Elemente", „Worte" …?

Gewiss, das ist eine Herausforderung. Aber gerade darin liegt ja der Nutzen: Mir selbst wird es schwer gemacht, in den alten Trott zurückzufallen. Ich selbst werde aufgefordert, von meinen alten Arbeitsblättern und Anekdoten im KU zu lassen. Und auch mir bietet sich dadurch die Chance, wieder selbst etwas im eigenen Unterricht zu erleben und Neues auszuprobieren.

Jahresthemen profilieren das alltägliche Tun

Jahresthemen lassen uns neben den Inhalten vor allem auch die äußere Gestalt unserer Angebote bedenken. Indem wir überlegen, wie sich diese oder jene Aktion, dieses oder jenes KU-Thema in das Jahresthema einbetten und einfügen lässt, kommt uns Werbendes und Bezeichnendes in den Sinn. Wie heißt das Angebot nun? Wie kann ein Untertitel den Bezug zum Jahresthema unmissverständlich deutlich machen? Welche Methode legt mir das Thema nahe? Zum Jahresthema „Form I Klang I Farbe" geriet uns manches künstlerischer und musikalischer; im „Hand & Fuß"-Jahr vieles praktischer und handgreiflicher, „GRENZENlos!" machte Mut zu Provokantem, während „Schätze" uns merkwürdiger- (oder besser: bemerkenswerter-)weise auf unsere Werte, unsere Wurzeln und Traditionen blicken und besinnen ließ usw.

Durch viele kleine Einzelentscheidungen entsteht ein gemeinsames Ganzes. Das Jahr in der Gemeinde bekommt eine wahrnehmbare Gestalt, ein Gesicht.

Oft unterstützt eine besondere Aktion, ein Symbol oder Bauwerk dieses Profil. 2002 erbauten Jugendliche während des Gemeindefestes eine große Holzbrücke (15 x 2 Meter), die auf vier gemauerten Pfeilern ruhte. Wer mochte, beschrieb einen Stein mit Dingen, auf die er oder sie bauen möchte oder Dinge, die Menschen miteinander verbinden. Stein für Stein entstand so die Grundkonstruktion, auf die drei schon vorhandene Plattformen (alte Floßbauteile) als Brücke gelegt wurden. Spätestens durch dieses Bauwerk, durch die Bilder, die in der Tageszeitung transportiert wurden, setzte sich das Jahresthema „Brücken" in den Köpfen der Menschen fest.

Zum Jahresthema WORTE bauten Kinder und Jugendliche im Foyer des Gemeindehauses ein Lesezimmer, einen Bücherraum als Einladung zum Lesen und als Ort der Ruhe. Material für die Wände waren tausende von Büchern, die beim Recyclinghof oder im Rahmen einer Haussammlung abgeholt wurden. Aber nicht nur große Aktionen und Bauwerke, auch der rote Faden allein, der sich durch die Angebote zieht oder sie wie Perlen auf einer Schnur aneinanderreiht, macht es für die Medien und die Menschen, die durch die Medien am Gemeindeleben teilhaben, möglich, ein Profil, eine Gestalt zu erblicken. Dieser Effekt hilft insbesondere beim Beschaffen zusätzlicher Mittel oder Unterstützung in anderer Form. Profilierte Dinge lassen sich besser erklären, vermitteln, „verkaufen". Menschen haben schneller das Gefühl, zu wissen, woran sie sind. Jahresthemen erleichtern es, sich Dinge einzuprägen – auch das ein Nutzen, den wir im Bereich des KUs oft in Anspruch nehmen.

Jahresthemen helfen bei Entscheidungen

Jegliche Form von Festlegung löscht andere Optionen. Und das ist manchmal entlastend und hilfreich. Wenn wir uns vorgenommen haben, Bezug auf das Jahresthema zu nehmen, dann blicken wir bei der Festlegung von Themen für die Seniorennachmittage, beim Erarbeiten des Programms für die Konfirmierten und eben auch im KU in eine bestimmte Richtung. So führte das Jahresthema „Worte" im KU zur Auswahl von „Hauptworten", von großen Begriffen und Werten unserer Religion. „Aber was nützen uns diese?", traten gleich die Kritiker und Praktiker auf den Plan. „Das sind doch Hülsen, Sonntagspredigten, weit weg von unseren Jugendlichen im KU!" Also besser gleich die großen Worte fallen lassen? Wenn „Worte" aber Thema des Jahres ist, dann können wir doch nur so entscheiden, dass am Ende „Worte" auch eine Rolle spielen! Die Mühe lohnte sich: Eine Reihe von KU-Treffen entstand, in denen jeweils ein Hauptwort im Mittelpunkt stand, beleuchtet und bedacht wurde, aber dann in der zweiten Hälfte des Treffens durch eine Aktion ergänzt und fortgeführt wurde. Ein Wortspiel brachte uns auf den Plan: „Aus Hauptwörtern Tu-Wörter machen". Also machten wir aus Gerechtigkeit nicht nur Biblisches, sondern auch eine Briefaktion zu den „urgent actions" von Amnesty International. Ähnlich verfuhren und verfahren wir noch bei den Terminen, die sich um „Segen",

„Frieden", „Hoffnung" oder „Liebe" drehen. Den Konfirmandinnen und Konfirmanden kamen so bestimmte Werte und Worte besonders nahe und sie erkannten sie als Bausteine eines weit größeren Gefüges, das christlicher Glaube und christliches Leben heißt.

Jahresthemen verhelfen zum Gefühl, einer Sache gerecht geworden zu sein

Tausend Dinge, hunderte von Themen sind uns im Laufe eines KU-Jahrgangs möglich. In der Gemeinde potenziert sich diese Masse an Optionen noch. Immer mal wieder reißen wir ein Thema an, verbleiben aber an der Oberfläche. Fairer Handel und Asyl, Sterbehilfe und Armutsbegriff, Schwangerschaftskonflikte und „gerechte Kriege", Weltreligionen oder die Spielarten der eigenen, Kirchengeschichtliches oder endlich mal mehr Diakonisches – wie soll all das nur Platz haben in einem KU-Jahr oder einem Projekt? Statt aber nun alles „ein wenig" anzugehen, auf allen Hochzeiten zumindest den Tanz zu eröffnen und in Bezug auf alle Sorgen, Nöte und Probleme dieser Welt die Jugendlichen „anzusensibilisieren", könnten wir auch ganz anders vorgehen! Dann hat eben ein KU-Jahrgang oder eine Gruppe innerhalb eines Jahrgangs ganz klar ein Profil, einen Schwerpunkt! Dann kommt eben anderes kürzer (vielleicht sogar zu kurz), aber dafür bleibt bei Unterrichtenden und Konfirmanden das Gefühl, einer Sache einmal auf den Grund gegangen zu sein. Nur so werden wir einem Thema häufig gerecht. Und auch dies könnte uns Mut machen: Bei vielen Themen sind wir ja nicht die Einzigen, die sie mit diesen Jugendlichen angehen. Schule, Familie, Fernsehen und KU kommen aber häufig bei ein und demselben Thema nur ungefähr gleich weit („gleich wenig weit"). Wir könnten also die Ersten sein, die Luther im KU mal mehr abgewinnen als Thesenanschlag, Wartburg, Bibelübersetzung und die Angst im Gewitter. Widersprüchliches und Skurriles, Weiterführendes und Ergänzendes wäre uns möglich, und Luther würde zu mehr als einer historischen Größe. Luther könnte im Zusammenhang dieses Jahrgangs eine Person werden, die uns in ihrer ganzen, manchmal auch sperrigen Persönlichkeit nahekommt. Ein Luther-Jahr im KU – dafür eben Diakonie (mal wieder) nur im Schnelldurchlauf. Aber immerhin! Manchmal ist weniger eben mehr, weil so bei dem Wenigen mehr möglich ist.

Jahresthemen hinterlassen Spuren

20 Jahresthemen in St. Martini gab es bislang – und viele von ihnen wuchsen über sich hinaus. Denn oftmals wurde etwas mit Bezug zum Jahresthema begonnen und blieb uns erhalten. Mittlerweile wissen wir um die Dialektik dieses Abschieds, wenn ein neues Thema entsteht und das Alte abtritt: Indem ein Thema geht, bleibt es doch (ein wenig zumindest). Nach dem Thema ZEIT blieben uns viele Methoden aus dem Bereich Meditation, nach STADT (als einem Ort, den nur Verschiedene zustande bringen) die Einrichtung von Generationengesprächen als „Talk im Turm", erhalten. Das Pilgern haben sich Jugendliche in der Folge des Spuren-Projekts nicht mehr abgewöhnt, und Kontakte, die als Brückenschlag-Aktionen zum Jahresthema BRÜCKEN entstanden, tragen heute noch. So entsteht in Gemeinde auch ein Schatz an Dagewesenem – nicht nur ein kollektives Erinnern, sondern eben auch ein kollektives Können („Wir haben ja schon mal, wir könnten wieder …").

6 SO WERTVOLL, DAS WIRD SOGAR AUSGESTELLT!

ICH-RÄUME

Kind Gottes, du! Ein Unikat. Einmalig. Geschätzt.
Um die ganze Tiefe dieser Tauf- und Konfirmationszusage begreifen zu können, braucht es nicht nur die intensive Auseinandersetzung mit Gott und seinen Verheißungen, sondern insbesondere auch die Beschäftigung mit mir selbst, meinem Selbstbild, meinem Ich.
Du bist ein Kind Gottes, das geliebt wird (trotz Fehlern und Unvollkommenheiten)! Du bist auserwählt, unterschieden von allen anderen! Du bist einmalig! Das größte Konfirmationsgeschenk könnte diese Zusage sein, weitertragend als alle Dinge und Summen. Wie aber können wir diese Tatsache für Jugendliche aufschließen? Wie lässt sich erkennen, was Geliebt-Sein, Bestätigt-Sein in der eigenen Einmaligkeit so wertvoll macht?
Was habe ich denn davon, dass Gott mich annimmt, so wie ich bin, wenn ich trotzdem nicht tun kann und darf, was ich will?
Wer Jugendlichen am Tag der Konfirmation kein Erwachsenwerde-Fest ausrichten möchte, sondern auch von Gottes Bekräftigung des längst gültigen Taufversprechens reden will, der kommt nicht umhin, im Rahmen der Vorbereitung auf die Konfirmation immer wieder deutlich und erfahrbar zu machen, was für ein Schatz die eigene Einmaligkeit ist, und was für ein Geschenk sich in Gottes Freude an meinem So-Sein verbirgt.

„So wertvoll bist du, dass du Teil einer Ausstellung, einer öffentlichen Würdigung von Besonderem sein kannst!" Mit diesem Gedanken starteten wir ein ungewöhnliches Projekt im Rahmen eines Konfirmandenjahrgangs.

Darum geht's:

Konfirmandinnen und Konfirmanden gestalten im Gemeindehaus kleine Räume bzw. Kammern so aus, dass diese von ihnen erzählen. So wird ein Teil der eigenen Persönlichkeit Teil des Gemeindehauses und das eigene Zuhause dehnt sich in den öffentlichen Raum aus. Als Ausstellung erhält das eigene So-Sein Anerkennung und Würdigung. Es wird interessiert betrachtet und wohlwollend kommentiert. Im Rahmen der Entstehung des Raumes erfolgt eine intensive Auseinandersetzung mit dem eigenen Selbst – betrachtet vor dem Hintergrund der Tatsache, ein geliebtes und einmaliges Kind Gottes zu sein.

So geht's:

Die drei inhaltlichen Ebenen dieses Vorhabens lassen sich gut im Rahmen eines dreigeteilten Arbeitsprozesses gestalten.

In einem ersten Schritt machen wir uns ausgehend von einem inhaltlich passenden Bibelwort auf die Suche nach den Dingen, die mich selbst ausmachen. Wir sortieren uns nach Eigenschaften (Haarfarbe, Lieblingseissorte, Schuhgröße, Geschwisterzahl, Geburtsort ...) und bekommen so ein Gefühl für Gemeinsames und Verbindendes, aber auch für die Tatsache, dass bei allen Schnittmengen, zu denen ich gehören mag, trotzdem keiner mir gleicht. Auch über die Arbeit mit Fingerabdrücken oder anderen bildlichen Belegen unserer Einmaligkeit lässt sich der Einstieg ins Thema finden. Atmosphärisch ist es wichtig, mit der Wahl der Methode bereits den Prozess der Auseinandersetzung mit der eigenen Persönlichkeit anzustoßen. Die erste Arbeitsphase ist dann vor allem eine „Datensammlung", ein sich Besinnen auf Eigenes. Die Jugendlichen sammeln auf einem großen Blatt (z.B rund um den eigenen, vergrößerten Fingerabdruck) all das, was zu ihnen gehört: Hobbies, Lebensstationen, Ist-Zustand, Wünsche, Alltäglichkeiten, Daten, Charaktereigenschaften, Beziehungen usw. Dabei sind sie im Raum oder sogar in mehreren Räumen verteilt und arbeiten für sich. Wir gehen umher, interessieren uns, greifen einzelnen Notizen auf und geben zu diesem Thema auch Auskunft über uns selbst oder machen aufmerksam auf Bereiche der eigenen Persönlichkeit, die vielleicht noch gar nicht bedacht wurden. Im geschützten Raum des Vieraugengesprächs bekommen so die Notizen der Jugendlichen eine erste, kleine Öffentlichkeit. Es entsteht ein erstes Gefühl dafür, wie es ist, mit der eigenen Person ein Stück nach außen zu treten. Durch die Nachfragen und Ideen der Unterrichtenden kann eine größere Tiefe in diese Arbeit hineinkommen, die oft als hilfreich und sehr selten als bevormundend erlebt wird. Klar ist doch (und muss es immer bleiben), dass kein Außenstehender Spezialist meiner selbst ist, aber helfen kann, mich selbst zu entdecken, mich z.B. durch wohlwollende Nachfrage auf Dinge bringen kann, die ich an mir bislang nicht gesehen habe oder die ich aus Bescheidenheit oder auch Unsicherheit so nicht von mir sagen würde. Im Gespräch bleiben wir dabei nondirektiv. Es ist viel Diplomatie und Empathie notwendig, um in dieser Situation ein hilfreicher Gesprächspartner zu sein.

Gut ist es, wenn diese Phase der Selbstvergewisserung möglichst lange freigehalten wird vom Gedanken der gestalterischen Umsetzung. Den Jugendlichen fällt es verständlicherweise leichter, eine Liste mit Gegenständen zu erstellen, die sie aus ihrem häuslichen Umfeld einfach mitbringen können. Dabei verbleibt der spätere gestalterische Part aber oft im Äußerlichen. Es kommt nicht zur Besinnung auf das, was mich sonst noch ausmacht, was Teil meiner Einmaligkeit ist. Und oftmals ist später ein symbolischer Gegenstand, der gar nicht in meinem Zimmer, meinem Zuhause existiert, ein hervorragender Erzähler von etwas, was ganz typisch für mich ist, wenn ich für mich geklärt habe, für welche Eigenart, welchen Lebenstraum, welche Botschaft ich ein gestalterisches Medium suche.

Der Übergang zum zweiten Teil des Arbeitsprozesses lässt sich dann gut in kleinen Teams vollziehen. Ein Unterrichtender kommt mit einer kleinen Zahl Jugendlicher zusammen und wir stellen einander unsere Überlegungen vor. Auch hier ist eine einfühlsame Moderation ausgesprochen wichtig, bringen doch die Jugendlichen dabei etwas sehr Persönliches in eine größere Öffentlichkeit – vor allem auch in eine Öffentlichkeit von Gleichaltrigen.

In diesen Kleingruppen ist dann auch Gelegenheit, erste gestalterische Ideen zu äußern. Oft haben die Jugendlichen diese im gedanklichen Prozess schon selbst mit entwickelt, manchmal hilft aber auch der Rat der Gruppe oder ein spontaner Kommentar, zu einem überzeugenden Einfall zu kommen. Die Planung des weiteren Vorgehens in der Kleingruppe bewährt sich aus zweierlei Gründen. Zum einen kann diese Gruppe später auch beim Aufbau erhalten bleiben und so einem der Unterrichtenden die Chance geben, als kompetenter Gesprächspartner für eine überschaubare Anzahl von Jugendlichen zu fungieren. Zum anderen ist die Gruppe der nächste Schritt in eine immer größer werdende Öffentlichkeit, der sich auf diese Weise nicht abrupt, sondern allmählich vollzieht.

Es hat sich als hilfreich erwiesen, spätestens jetzt den Kopf ein wenig frei zu bekommen und das Bedenken des eigenen Selbst für einen Moment zu verlassen. Gut ist es z.B., jetzt die räumlichen Gegebenheiten ins Spiel zu bringen. Gemeinsam richten wir die Räume her, teilen kleine Zimmer ab und geben den Jugendlichen so auch ein Gefühl dafür, welche Dimension das gemeinsame Vorhaben hat. Ja, tatsächlich, die Gemeinde stellt einen nicht unwesentlichen Teil ihres Hauses für mich, für die Darstellung meiner Selbst zur Verfügung! Auch das ist ein Stück Anerkennung und vermittelt das Gefühl, dass ich nicht Kunde oder Gast, sondern selbst Gemeinde bin. Dieses Haus ist (auch) mein Haus. Warum sollte ich also nicht (wenn auch nur auf Zeit) ein eigenes Zimmer hier haben?

Ganz praktisch benötigt man in dieser Phase einen Ballen schwarzen Stoff, der z.B. in Online-Shops günstig bestellt werden kann. Mithilfe gespannter Leinen oder Spreizen und Dachlatten lässt sich so für jeden Jugendlichen ein kleiner Raum schaffen. 2-3 Quadratmeter reichen dabei aus. Ein kleiner Raum lässt sich schlüssiger gestalten als eine größere Fläche. Damit das ICH präsent sein kann, muss das im Raum Gestaltete mehr Raum einnehmen als die „Leere".

Haben die Jugendlichen dann ihren Raum erhalten, kann z.B. das Aufhängen des Gedankenplakats mit Foto oder Fingerabdruck ein erster Schritt der Aneignung sein. Mit gut 2-4 Stunden Zeit gestalten die Jugendlichen dann ihren Raum mithilfe von mitgebrachten Gegenständen, Wandtexten, Licht, Bildern und anderen Dingen. Dabei achten wir Unterrichtende auf eine störungsfreie Arbeitsatmosphäre – vor allem, indem wir zu viel Gerenne von Raum zu Raum unterbinden und auf die Ausstellung als erstem Blick auf die Räume der anderen verweisen.

Festlich eröffnen wir nach erfolgter Raumgestaltung mit der ganzen Gruppe und vielleicht sogar schon im Beisein der Eltern die Ausstellung.

Mit wenigen Augenblicken Abstand können alle Anwesenden dann nach und nach den Gang durch die Kammern und Räume antreten. Da alle unterwegs sind, kann zunächst keiner der Jugendlichen befragt werden. Das ist von Vorteil, denn so ist Nachdenken und eigenes Schlussfolgern notwendig und die Jugendlichen müssen nicht zwangsläufig einer Befragung standhalten – sie sind ja bereits durch ihre Gestaltung „öffentlich geworden".

Gut ist es, wenn die Ausstellung dann ein paar Tage auch anderen Besuchern des Gemeindehauses offensteht. Ein ausliegendes Gästebuch erweist sich als gutes Kommunikationsmedium in die Gruppe hinein. Auch so gewinnt das Wechselspiel von Selbst-Äußerung und Rückmeldung an Tiefe und Qualität.

7 DAS PERSÖNLICHSTE BUCH DER GESCHICHTE

BIBELHANDSCHRIFT

Sicher, die Idee ist nicht neu. Jahrhunderte lang war das Abschreiben immerhin die einzige Möglichkeit, biblische Texte zu vervielfältigen. Warum aber heute, im Zeitalter von digitalen Medien, Online-Bibeln und hochmoderner Drucktechnik noch auf die handschriftliche Übertragung der Bibel setzen? Und warum ausgerechnet mit Jugendlichen, die das Schreiben mit der Hand (zumindest in ihrer Freizeit) nach und nach „verlernen"? Überhaupt: Grenzt es nicht an „Beschäftigungstherapie", ganze KU-Stunden mit dem Abschreiben biblischer Texte zu verbringen?

Darum geht's:
Mitwirkung an einem großen, evtl. gesamtgemeindlichen Vorhaben, bei dem die Bibel (oder Teile davon) handschriftlich übertragen werden. Dabei kommt es zu einer besonders persönlichen Auseinandersetzung mit der biblischen Botschaft.

So geht's:
Zwei Hürden sind in der Umsetzung gleich zu Anfang zu nehmen:
Zum einen sollten alle persönlichen Bedenken beiseitegeschoben werden. Andere werden noch oft genug fragen, ob das wirklich sinnvoll ist, ob genügend Menschen mitmachen werden, ob es Spaß macht, ob sich tatsächlich auch inhaltlich etwas mit bloßem Abschreiben bewegen lässt. Meine Erfahrung: Im Laufe des Prozesses stellt sich eine „motivierende Kraft" ein, die das Projekt weiterträgt.
Zum anderen gilt es, eine Anfangsmotivation bei den Jugendlichen aufzubauen. Die Aufforderung, mit der Hand „altertümliche Texte" abzuschreiben, verspricht zunächst keine spannende und interessante Zeit im KU.

Zu Beginn des Vorhabens knüpfen wir noch einmal an biblische Überlieferungstraditionen an. Je nachdem, inwieweit an anderer Stelle schon das Thema „Bibel" angesprochen wurde, reicht ein kurzes Erinnern oder wir machen spielerisch noch einmal klar, was in einem mündlichen Überlieferungsprozess geschieht. Wir spielen z.B. „Stille Post", klären dabei die Risiken mündlicher Überlieferung, und versuchen in einem zweiten Durchgang, einen längeren Satz völlig fehlerfrei zu übermitteln. Welche Strategie könnte uns dabei helfen? Schnell einigen sich die Jugendlichen darauf, konzentriert vorzugehen, den längeren Satz in kleinen Teilstücken durchzugeben und jeweils zurückzufragen, ob das Gehörte tatsächlich richtig verstanden wurde. Gerade dieses Verifizieren von Gehörtem führt ursächlich zum Erfolg. Und auch in einem langen mündlichen Überlieferungsprozess dürfte dies geschehen sein: Man hörte das erzählte Ereignis von verschiedenen Seiten, konnte eine „Informationsschnittmenge" ausmachen oder durch Rückfragen klären, was tatsächlich Kern des Berichts war. Mündliche Weitergabe, so lässt sich erkennen, muss nicht zwangsläufig ungenau sein.

Mithilfe alter Schreibgeräte, Federkielen, Pergamentstücken und Bandzugfedern gehen wir im geschichtlichen Rückblick dann einen Schritt weiter. Die Atmosphäre klösterlicher Skriptorien lassen wir aufleben, vielleicht unterstützt mit Szenen aus einschlägigen (Spiel-)Filmen. Abschreiben, so wird deutlich, ist eine langwierige, eine intensive Arbeit. Doch es entsteht nicht einfach eine Kopie! Bilder von alten Bibelhandschriften zeigen eindrucksvoll: Da haben Menschen ihre ganze Ehrfurcht vor Gottes Wort in ihr Werk einfließen lassen. Durch akkurate Handschrift, kunstvolle Initialen, Verwendung von Farbe oder sogar Blattgold kleidet sich Gottes Wort in ein menschliches, ein festliches Gewand.
Die Bibel ist die Sammlung unterschiedlichster Glaubenszeugnisse der Menschen vor uns. Und obwohl sie millionenfach gedruckt und hundertfach in andere Sprachen übersetzt wurde, obwohl sie das am meisten verbreitete Buch dieses Erdballs ist – sie bleibt in ihrer inneren Gestalt ein persönliches, ja beinahe privates Buch. Das gilt es deutlich zu machen.
Vielleicht ist darum gerade die handschriftliche Übertragung eine der angemessensten Formen, Gottes Wort zu bewahren und weiterzusagen?!

Beim sich anschließenden eigenen Schreibprozess ist es dann ähnlich: Durch ruhige Musik, Sitzordnung an den beiden Kopfseiten einzelnstehender Tische und andere Kleinigkeiten entsteht eine besondere Atmosphäre. Die Jugendlichen haben sich jeweils ihr Kapitel, ihren Abschnitt ausgesucht. Auch die Übersetzung spielt im Prinzip keine Rolle und kann frei gewählt werden. Als Schreibmaterial dient uns weißes DIN A3-Papier, das im Querformat und nur einseitig beschrieben wird. Aber auch andere Formate sind natürlich denkbar.

Wichtig ist es, mit einem einheitlichen Linienblatt unter dem Papier zu arbeiten. Das wird einmal erstellt (z.B. zwei Spalten nebeneinander mit einem vorgesehenen Platz für die Textstellenangabe) und dann viele Male fotokopiert. So kommt es später, bei aller Vielfalt der Handschriften, trotzdem zu einem ordentlichen und einheitlichen Gesamtbild beim Durchblättern der Bibelhandschrift. Geschrieben wird mit Kugelschreibern, Füllhaltern oder anderen Stiften mit haltbarer Tinte. Filzstifte, Blei- oder Buntstifte sind ungeeignet. Eine Liste der Textstellen wird geführt, in die sich jeder mit Namen und Alter einträgt. So kann später, nach dem Binden der einzelnen Bibelbände, jeweils im Anhang eine Liste all jener abgedruckt werden, die mitgewirkt haben.

Zu bedenken ist außerdem der Umfang, den die fertige handschriftliche Übertragung eines Bibelteils haben wird. So sind alleine die Evangelien-Abschriften ein so dicker Stapel Papier, dass ein Buchbinder sie nur mit Mühe in einem Band untergebracht bekommt. Die Bibel wird auf diese Weise also das, was sie im Kern auch ist: Eine Sammlung vieler Bände.

Beim Abschreiben geschieht dann Vieles ganz unauffällig und nebenbei: Es wird nachgefragt, Worte gilt es zu übersetzen oder zu erklären. Unterrichtende und Jugendliche kommen ins Gespräch über einzelne Textstellen. Die Bibelstelle wird mehrfach gelesen, Schritt für Schritt überträgt man sie und memoriert sie dabei unbemerkt. Oft können die Jugendlichen „ihren Text" später auch inhaltlich sehr genau wiedergeben.

Sind einzelne früher fertig oder haben Kleingruppen noch Lust, können diese mit unterschiedlichsten Medien weitere Beiträge zur Bibelhandschrift erstellen. Fotoverfremdungen, Skizzen, Drucke oder Linolschnitte einzelner Verse, fotografierte Bildergeschichten (die sich mit Comic-Programmen am PC hervorragend bearbeiten lassen), Schattenfotos – der Fantasie sind kaum Grenzen gesetzt, auf noch persönlichere Weise am Bibelbuch mitzuwirken.

Jeder Kunstbeitrag, jede Textübertragung ist ein persönliches Zeugnis, ein Stück von mir, das ich in ein großes, gemeinsames Ganzes einbringe. So finden die alten Worte (m)eine neue Gestalt und ich selbst finde (mit meiner Seite) Platz in einem großen, ja einem großartigen Gesamtwerk. Das Ungewöhnliche, das Anachronistische lockt. Wohl darum sind in den bereits fertigen Teilbänden die Listen aller Mitschreibenden und die jeweils „eigene" Textstelle die am häufigsten aufgeschlagenen Seiten. Aus „der Bibel" kann auf diesem Wege „meine Bibel" werden.

Um diesen Effekt zu verstärken, ist es wichtig, zu Beginn dieses Vorhabens über die spätere Verwendung der Bibelhandschrift zu entscheiden. In unserer Gemeinde dient sie phasenweise im Wechsel mit einer sehr alten Bibel als Altarbibel. Sie ist im Gottesdienstraum präsent, wird ab und an gar für die Lesung genutzt. Denn ihr Platz auf dem Altar legt sie uns zur Verwendung im Gottesdienst nahe. Ihre Aufmachung, die Mühen ihrer Entstehung, sind Grundlage ihres Wertes und Zeichen für den inhaltlichen Schatz, der sich zwischen den Buchdeckeln verbirgt. Und: Dieser exponierte Ort drückt auch ein Stück Wertschätzung der Jugendlichen und ihrer Arbeitsleistung durch den Kirchenvorstand und die gesamte Gemeinde aus.

Bibel – so können die Jugendlichen daraus lesen, Bibel ist Gebrauchsgut und Gotteslob zugleich. Und ausgehend vom Konfirmandenprojekt kann eine „Schreibbewegung" über längere Zeit weitere Gruppen und Kreise der Gemeinde erfassen.

8 DIE BIBEL ALS KOCHBUCH

BIBLISCH KOCHEN MIT KONFIRMANDINNEN

Jakobs Linsengericht, Gersteneintopf à la Rut, Bewirtung von Engeln im Zelt von Mamre, Zöllners Abendbrot bei Zachäus, Wachteln und Manna in der Wüste …

Ein ganzes Kochbuch lässt sich schreiben, wenn man biblische Geschichten zum Ausgangspunkt macht. Und solche Bücher sind ja bereits erschienen. Zumeist sind es jedoch nur Rezeptsammlungen, die Land, Leute und Essgewohnheiten zur Zeit der Bibel erfahrbar machen. Darüber lässt sich hinausgehen!

„Biblisch kochen" – eine wunderbare Methode, gemeinsames Tun, biblische Botschaft und Tischgemeinschaft miteinander zu verbinden. Im Rahmen der Arbeit in der „Konfus-WG" (vgl. Kapitel 3) hat sich diese Arbeitsform auf besondere Weise bewährt, ist aber auch in vielen anderen Settings der KA denkbar.

Darum geht's:

Bedenken und Bearbeiten eines biblischen Textes wird mit dem Kochen eines dazugehörigen oder zumindest passenden Gerichts verbunden. Während der Mahlzeit helfen Fragen zum Einstieg in ein tiefergehendes Gespräch, das gemeinsame Essen kann als Gemeinschaftserfahrung weitergehende Impulse in die Gruppe geben.

So geht's:

Gut ist es, vom Ende her zu denken. Nach gemeinsamem Brainstorming im Team (z.B. bei einem leckeren Essen in der Küche des Gemeindehauses) starten wir mit einer Liste biblischer Geschichten, in denen eine Mahlzeit vorkommt. Was soll „ankommen" bei den Jugendlichen? Welche Botschaft transportieren die einzelnen Texte?

Zudem klären wir, ob das Gericht als solches in der Geschichte eher Beiwerk, eher Rahmenhandlung ist oder das gesamte Gericht bzw. einzelne Zutaten im Text eine wichtige Rolle spielen (wie z.B. bei Rut, bei Jakob oder der Exodus-Handlung). Gelegentlich ist sogar die Zubereitungsart untrennbar mit der zentralen Textbotschaft verknüpft, wie z.B. beim Sabbat-Eintopf, der 24 Stunden bei geringer Hitze gart und so das Einhalten des Ruhetages ermöglicht.

Im kleinen Kreis suchen wir dann nach Fragen und kleinen Aufgaben, die am Rande des Kochens oder während der Mahlzeit von den Konfirmandinnen und Konfirmanden bearbeitet werden können, um sich der Botschaft des Textes anzunähern.

Mit diesem roten Faden in der Hinterhand lässt sich das Konzept der Aktion dann recht einfach um ein geeignetes Rezept ergänzen. Unzählige Kochbücher und Internetportale bieten schnellen Zugriff auf unterschiedlichste Rezepte zur Geschichte. Bei der Auswahl denken wir vor allem die größere Menge und die damit verbundene Notwendigkeit einer „Koch-Logistik" mit, um die Jugendlichen nicht zu überfordern. Tatsächlich ist das „Nachkochen" eines Rezepts für Konfirmanden oft schwieriger als gedacht!

Je nach Gruppengröße kann es auch reizvoll sein, an mehreren aufeinander folgenden Abenden jeweils ein kleines Team mit dem Kochen und Erarbeiten des Textes zu beauftragen, das dann im Verlauf der Mahlzeit die Restgruppe mit Text und Botschaft vertraut macht.

Alle Überlegungen fügen wir in Form eines kurzen Briefs, einer „Koch-Anleitung" zusammen – ein Überbleibsel aus der WG-Situation, in der die Jugendlichen ja sehr eigenständig diese KU-Aktion umsetzen mussten.

Auszüge aus solchen „Briefen" an das jeweils aktive Kochteam veranschaulichen die Vorgehensweise:

Liebe biblische Köchinnen und Köche!

Hier kommt euer erstes Rezept und eine Übertragung des sehr langen Bibeltextes aus den Kapiteln 24-28 des 1. Buches Mose. So hoffe ich, dass ihr den Text besser und schneller versteht und ihn beim Essen euren MitbewohnerInnen präsentieren könnt.

Wie geht ihr nun vor?
Ihr lest zunächst gemeinsam den biblischen Text.
Dann denkt ihr gemeinsam über den Text nach und erzählt einander und den BetreuerInnen, wie ihr ihn verstanden habt. Dann fangt ihr an zu kochen!
Wenn das Gericht in seiner Garzeit ist, bereitet ihr den Text so vor, dass ihr ihn beim Essen vorstellen könnt, z.B. so:

Der Text beim Essen:
EineR stellt JAKOB vor (seine Eigenart, wie ihr ihn euch vorstellt, wie er zu seiner Mutter / seinem Vater steht usw.). Vielleicht macht das eineR von euch, der/die selbst jüngstes Kind ist.
Klar, dann stellt jemand anderes von euch auf gleiche Weise ESAU vor.
Der dritte berichtet nun von der Situation, in der das Linsengericht seine wichtige Rolle spielt.

Dann esst ihr erst einmal ein wenig und trinkt dazu Traubensaft, Wasser oder Fruchtsaft, der damals auch getrunken wurde.

Irgendwann liest jemand von euch den Rest der Geschichte vor.
Gemeinsam könnt ihr dann über ein paar Fragen sprechen, z.B.:
- Würdet ihr gerne einen Zwilling haben / einer sein? Warum, warum nicht?
- Erzählt einander jeweils eine Geschichte, bei der ihr eure Geschwister reingelegt habt, und eine, wo sie euch „übers Ohr gehauen" haben.
- Wer von euch ist mehr „Papa-", wer mehr „Mama-Kind"?
Wer ist eigentlich am meisten dafür verantwortlich, dass am Ende der Segen beim „Falschen" gelandet ist? Rebekka (es war ihr Plan!), Isaak (wie

leichtgläubig kann man bloß sein?), Jakob (er hat die Sache ziemlich dreist durchgezogen!), Esau (er hat vorher wenig Wert auf den Segen gelegt)?
– Wer ist euch von den Vieren am ehesten sympathisch? Wer ist am unsympathischsten? (vielleicht weil ihr ihm/ihr ähnlich oder überhaupt nicht ähnlich seid?)
– Überlegt gemeinsam: Was ist eigentlich SEGEN?

Eine gute Zeit und gutes Gelingen!

Das Buch Rut
Eine biblische Geschichte mit „Migrationshintergrund"

Kurze Zusammenfassung:
Das Buch Rut (hier gekürzt). Vor allem aber ist es eine Geschichte von Liebe und Treue der Menschen untereinander (Rut) und zwischen Gott und den Menschen (Gott & Noomi, Boas etc.).

Das Buch Rut hat mehrere „Stationen":
• Flucht & Leben in der Fremde
• Schicksalsschläge und der Wunsch, nach Hause zurückzukehren
• Freundliche Aufnahme in der Heimat / in der Fremde
• Ein alter Brauch, ein Plan und seine Folgen

Wie geht ihr als Vorbereitungsgruppe vor?
1. Ihr dünstet das Gemüse, röstet kurz Bohnen und Gerste an und lasst das abgelöschte Essen dann bei kleiner Hitze garen (vgl. Rezept).
2. Während der Garzeit lest ihr miteinander abschnittsweise das Buch Rut aus der Bibel. Dafür verwendet ihr am besten die Erzählbibel, die den Text leichter verständlich zusammenfasst. Einigt euch, wer am Tisch später welchen Textteil laut liest und dazu die Frage stellt bzw. das Gespräch „leitet".
3. Wenn das Essen gar ist, ruft ihr alle zu Tisch. Zuerst erzählt ihr kurz, wie das Buch Rut aufgebaut ist (4 Stationen, Geschichte einer jungen Frau,

die auf besondere Weise ihrer Schwiegermutter treu bleibt und zugleich eine Geschichte über das Fremdsein und den Umgang mit Fremden in unserem Land etc.).

4. Dann lest ihr den ersten Abschnitt des Bibeltextes. Sammelt dann gemeinsam Gründe, warum Menschen auf der Flucht sein können bzw. in ein anderes Land gehen. Achtet darauf, dass ihr keine Vorurteile weitergebt, sondern versucht, aus Sicht der Betroffenen zu erklären, warum es richtig sein kann, zu fliehen / sein Land zu verlassen. Fragt euch außerdem, in welchen Ländern dieser Welt zurzeit Menschen auf der Flucht sind bzw. als Flüchtlinge leben. Was sind die Gründe ihrer Flucht?

5. Nach dieser ersten Runde solltet ihr zunächst essen. Gerstensuppe, dazu Fladenbrot, Frischkäse, Butter …

6. Nach dem Essen, aber noch am Tisch:

Lest nach und nach jeweils einen Abschnitt vor und besprecht danach gemeinsam die zum Text gehörige Frage:

Schicksalsschläge und der Wunsch, nach Hause zurückzukehren

- Frage: Alle 3 Frauen sind nun ohne einen „Versorger", der damals für das Leben der Frau und Familie sorgte. Warum fordert Noomi ihre Schwiegertöchter wohl auf, in ihrer eigenen Heimat neu anzufangen und nicht mit nach Bethlehem zu gehen? Welche Gedanken leiten Orpa bzw. Rut dann bei ihrer sehr unterschiedlichen Entscheidung?

Freundliche Aufnahme in der Heimat / in der Fremde

- Frage: Habt ihr schon einmal „in der Fremde gelebt"? Kennt ihr das Gefühl von einem Umzug in eine ganz andere Stadt, von einem Neuanfang? Was ist eurer Meinung nach wichtig, damit man sich in der Fremde schnell wohl fühlt? Wie war das bei euren Umzügen?

Ein alter Brauch, ein Plan und seine Folgen

- Versucht miteinander zu klären, was das „Löser-Prinzip" in Israel früher war, und warum es für die Gesellschaft damals wichtig war.
- Eigentlich passt die etwas dreiste Art, wie Rut sich Boas als Ehefrau anbietet, gar nicht so recht zu der Person, wie sie im ersten Teil der

Geschichte beschrieben wird. Sammelt gemeinsam, welche Charaktereigenschaften Rut wohl hat. Welche dieser Eigenschaften hättest DU gerne? Und warum?

Sprecht gemeinsam zum Ende der Mahlzeit und der Arbeit mit dem Buch Rut einen Lobpsalm, so wie ihn sicher auch die Menschen in Noomis Haus gesprochen haben, nachdem Boas Rut zur Frau genommen hatte. In unserem Liederbuch findet ihr Worte aus Psalm 150 abgedruckt. Lest sie im Wechsel von Mädchen und Jungen und betet anschließend gemeinsam das Vaterunser.

„Biblisch Kochen" sorgt für eine eigenwillige Unterrichtsatmosphäre: Es bietet den Jugendlichen Gelegenheit, sich auf sehr vielfältige Weise am Geschehen zu beteiligen (Kochverantwortung, Zutaten vorbereiten, Text bedenken, Gespräch moderieren etc.). Es stärkt das Gefühl, einem Text nähergekommen zu sein und es versetzt beinahe unbemerkt einzelne in die Situation Unterrichtender. Das gemeinsame Mahl stärkt das Gruppengefühl.

Und manche Botschaft kommt sogar an, selbst wenn das Gericht mal nicht ganz gelungen auf den Tisch kommt. Ein Journalist berichtete einmal von seinem Besuch bei einem Abend mit biblischem Kochen (und angebranntem Essen) Folgendes:

„Auch wenn die Kochkünste von ... eher nach dem jüngsten Gericht aussehen – die Aufgabe ist doch eine einfache Gerstensuppe, denn in der Geschichte von Rut geht es um eine Hungersnot. Von Rauch ist da allerdings nicht die Rede! Eher schon davon, dass Gott nichts anbrennen lässt und treu für die Seinen sorgt."

Na bitte, Botschaft angekommen!

9 DREHBUCH ALS LEHRBUCH

KU-THEMEN
IN SZENE GESETZT

„Wer will schon einen Elefanten in einem Stück aufessen?"
Zugegeben: Dieses Statement eines Konfirmanden wirft mich ein wenig aus der Bahn. Hatten wir nicht gerade anhand des Märchens „Wahrheit ist unteilbar"[3] den Einstieg in den Umgang mit biblischen Texten gefunden? Die alte Weisheitsgeschichte von den Menschen, die im Dunkeln einen Elefanten ertasten und ihn zu verstehen suchen, kommt in Küblers Fassung zwar in modernisierter Form daher, doch: Wo ist da vom Verspeisen des Elefanten die Rede?

Ich frage nach. „Na ja", bekomme ich zur Antwort, „du hast gesagt, dass die Bibel viele verschiedene Ansichten von Gott liefert, die man dann so wie bei einem Mosaik zu einem großen Ganzen zusammenfügen kann. Und mit dem Elefanten ist das doch auch so: In einem Stück bekommt den doch keiner runter!"

Manchmal, so einigen wir uns im Kreisgespräch dieser KU-Stunde, manchmal ist die Wahrheit über eine Sache halt so groß, so bunt, so vielfältig, dass sie sich nicht mit einem Wort oder einem Bild wiedergeben lässt.
Diese Erkenntnis ist es, die mich immer wieder einmal nach der szenischen Arbeitsform „Revue" greifen lässt, wenn es darum geht große Themen im KU anzugehen: Die Frage nach Gott, nach der Art wie wir unseren Glauben

---

3   Kübler, Roland: Wahrheit ist unteilbar, in: Körner, Heinz / Kübler, Roland (Hg.): Wieviele Farben hat die Sehnsucht? Ein Märchenbuch © Lucy Körner Verlag, Fellbach 2009.

leben, nach der Kirche in all ihren Facetten oder den vielen Seiten einer biblischen oder historischen Person. Auch Themen wie Angst, Schuld, Glück, Liebe, Tod, Religionen oder Beziehungen können auf diese Weise erarbeitet werden. Themen, die zu facettenreich, zu widersprüchlich in sich selbst und damit eben „zu groß" sind, um sie mit Statements nach dem Muster „richtig" und „falsch" zu vermitteln.

Darum geht's:

In Form einer Revue bearbeiten die Konfirmandinnen und Konfirmanden ein komplexes Thema des KU. Während sie ihre Aufführung erarbeiten, recherchieren sie beinahe nebenbei im weiten Feld des gewählten Revue-Themas und eignen sich Wissen und Informationen an, die sie kreativ und für sich deuten und verarbeiten, um dann schließlich mit der Aufführung selbst Position zu beziehen und Rückmeldungen zu bekommen. Applaus bekommen für das, was man selbst getan und verantwortet hat – diese Erfahrung können die Jugendliche eben auch im Kontext von Gemeinde machen. Um die Textmengen gering zu halten und das eigenständige Erarbeiten der Aufführung zu ermöglichen, bieten sich kleinste Szenen und Beiträge an, die dann zu einem bunten Strauß, einer Patchwork-Aufführung miteinander verbunden werden.

So geht's:

Das angestrebte Endprodukt „Revue" macht eine arbeitsteilige Herangehensweise in beinahe allen Schritten möglich. Das sorgt dafür, dass die Erarbeitung spannend bleibt, dass viele beteiligt und (möglichst) niemand überfordert wird.

Erste Ideen

Nach Festlegung des Themas gehen wir in möglichst viele, kleine Arbeitsteams. Jeweils ein oder zwei Unterrichtende ziehen sich mit drei bis fünf Konfirmandinnen und Konfirmanden zum „Spinnen" zurück. Alles, was uns zum Revue-Thema durch den Kopf geht, kann erst einmal Aufmerksamkeit beanspruchen. Auf großen Papierbögen notieren wir Assoziationen, Ideen, Randbemerkungen, Facetten des Themas und alles, was uns sonst noch einfällt.

Zunächst steht dabei die spätere „Verwertbarkeit" eher im Hintergrund. Es ist mehr das Aufmachen des Feldes, das Spielen mit den Optionen, das hier gelingen soll.

Ein erstes Plenum trägt die Ergebnisse dieser Spinnrunden zusammen. Oft doppeln sich Ideen, bekommt manches in dieser Phase schon eine sehr konkrete Gestalt. Szenen zeichnen sich ab. Ideen für Lieder oder Lesetexte tauchen auf.

Bis zum nächsten Termin kann dann das Team Material zu den genannten Stichworten zusammentragen. So ist gewährleistet, dass es schon bald konkret werden kann und aus Optionenvielfalt eine Vielzahl klar umrissener Bausteine erwachsen kann.

Für die Erarbeitung der Bausteine haben wir uns zumeist einen zweitägigen Block oder eine Wochenendfreizeit gegönnt. So ist Raum und Zeit, wirklich voranzukommen. Es hat sich bewährt, dass in dieser Phase arbeitsfähige Teams und die dazugehörigen Mitarbeitenden kontinuierlich zusammenbleiben. So entsteht schon vom Start weg eine gewisse Zuständigkeit für einzelne Szenen, Texte, Liedbeiträge etc.

In dieser kreativen aber auch sehr anstrengenden Phase sollte die Versorgung mit Getränken, Snacks, Obst etc., aber auch der ständige Abgleich über den Stand der Arbeiten unter den Mitarbeitenden sichergestellt sein. In den Kleingruppen werden Szenen angedacht, aber auch schon erste „Spielversuche" unternommen.

Nach ca. ein bis zwei Stunden kommen die Arbeitsgruppen immer wieder zusammen. Kleine theaterpädagogische Lockerungsübungen sammeln die Ensemblemitglieder und machen den Kopf frei: Sprech- und Lauftraining, sich Luft machen, lautes Singen oder leises Grummeln, das immer mehr anschwillt, solche willkommenen Unterbrechungen sind zugleich Vorübung und Einstieg in die später folgende Probenarbeit. Auch kurze Sequenzen Improvisationstheater z.B. mit dem Einfrieren von Szenen und dem Austauschen einzelner Akteurinnen hilft, bereits in dieser Phase eine gewisse Lockerheit und Spielfreude zu entwickeln. Denn eines muss immer wieder klargestellt werden: Es läuft auf eine Darstellung, auf Öffentlichkeit hinaus für das, was noch im geschützten Rahmen wächst!

Die Arbeit an den Bausteinen geht weiter. Im Plenum präsentieren die Kleingruppen immer wieder ihre Überlegungen, spielen Sequenzen vor und bitten um Rückmeldung. Ein Gespür gilt es zu entwickeln, wie die einzelnen Szenen wirken, ob sie zünden oder woran noch gearbeitet werden muss. Die einzelnen Bausteine, an denen die Gruppen arbeiten, bekommen eine farbige Karteikarte und werden an einer Pinnwand gesammelt. Die farbige Unterscheidung hilft beim späteren Zusammenstellen der Revue, denn so lassen sich Szenen, Lieder, Texte, Filmeinspielungen etc. schnell unterscheiden und entsprechend verteilen.

Das stetige Wiedervorstellen von Gruppenergebnissen macht auch klar, wo mehrere Gruppen an verwandten Themen oder mit ähnlichen Gestaltungsmitteln arbeiten, zudem sorgt es für eine gewisse Routine beim Spielen vor Publikum.

Zwischenstand – Planungstreffen im Team

Das Team berät auf einem Planungstreffen das weitere Vorgehen: Wer kann notwendige Requisiten, Audio-Tracks, weitere Texte besorgen? Welche Szene ist noch schwach und könnte durch zur Verfügung gestelltes Hintergrundmaterial von den Jugendlichen verbessert werden? Wer übernimmt bei den Bühnenproben und auch den späteren Aufführungen welche Aufgabe (Regie, Tontechnik, Licht, Requisite anreichen etc.)? Außerdem versucht das Team, eine erste Reihenfolge in die Beiträge zu bringen. Dabei haben uns bislang immer folgende Kriterien geleitet:

Unterschiedliche Darbietungsformen wechseln einander ab
Besonders gut gelungene Beiträge und schwächere gehören so arrangiert, dass den Zuschauenden die Revue nicht langweilig wird, sie aber auch nicht durch viele, kurze und prägnante Szenen in Aufnahme und Verarbeitung überfordert werden.
Längere und kürzere Beiträge folgen jeweils aufeinander.
Umbauten, Kostümwechsel, Doppelbesetzungen und dergleichen werden berücksichtigt, sodass später ein „flüssiger Ablauf" zu gewährleisten ist.

Aus Bausteinen entsteht ein Ganzes

Nun steht der große Durchlaufproben-Block an. Er sollte gut vorbereitet sein, so dass zu diesem Termin alle Requisiten und Materialien bereitliegen. Ein häufiges „Wir stellen uns jetzt mal vor, du hättest dieses oder jenes in der Hand!" lähmt die Spielfreude und lässt erst gar keine Illusion aufkommen. Ab jetzt sollte es Theater sein! Noch nicht perfekt, aber mit deutlicher Hinwendung zum Publikum. Dafür sorgt schon während der Probenarbeit die komplette technische Ausstattung. Licht und Ton wird gleich „mitgeprobt". Auf der Bühne ist es hell und im Saal dunkel.

Jetzt wird zum ersten Mal die spätere Wirkung spürbar. Die Jugendlichen treten mit ihren Ideen, ihrer Umsetzung, ihrer Interpretation auf. Das Thema der Revue bekommt durch sie seine Facetten, seine Gestalt. Jetzt zeigt sich, ob ihre Überlegungen und ihre Recherchearbeit zu einer eigenen Position geführt haben. Denn nur was man selbst verstanden oder zumindest für sich geklärt hat, kann man nach außen tragen und glaubhaft darstellen.

Nach einem oder evtl. zwei Probentagen mit Durchläufen des „Gesamtwerks" bleiben erfahrungsgemäß noch „Reste". Diese lassen sich jedoch besser in kleinen Probentreffen abarbeiten, zu denen sich einzelne Teammitglieder mit Kleingruppen gezielt verabreden.

Die Aufführung(en)

Schon mit längerem Vorlauf ist geworben worden. Jetzt gilt es!

So unangenehm wie die große Aufregung vor dem Auftritt auch ist: Sie hebt das Kommende aus dem Alltäglichen heraus und macht den eigenen Auftritt zum Erlebnis, das uns mit Haut und Haar erfassen kann. Das Publikum ist zwar Öffentlichkeit, aber aufgrund der vielen Freunde und Familienangehörigen ein sehr wohlwollendes Gegenüber. Damit entsteht eine Situation, die z.B. in der Erlebnispädagogik gerne bewusst eingesetzt wird: Man fühlt sich subjektiv unsicher, erlebt daher intensiv und sehr bewusst, was geschieht – ist aber objektiv betrachtet ungefährdet.

Ist die Aufführung der Gruppe eine Art Veröffentlichung, eine Stellungnahme und Deutung, dann verdient sie auch Antwort, Reaktion! Zum einen gibt das Publikum mit seinem Applaus etwas zurück. Inhaltlicher lässt sich in einen Dialog auf verschiedene Weise eintreten: Ein Gästebuch lädt zu Notizen ein. Nach den Aufführungen stehen die Jugendlichen zu Gesprächen in kleinen Runden zur Verfügung. Oder eine Pinnwand/Flipchart steht für spontane Notizen bereit. Es ist gut, wenn nachklingen kann, was auf der Bühne zum Ausdruck gebracht wurde.

Erfahrungen

Nicht die Aufführung selbst stellt den Wert des Projekts dar. Vor allem ist es die Phase der Recherche, die diese Arbeitsform gewinnbringend im KU sein lässt. Wer etwas sagen, deuten oder durch seine Darstellung pointieren oder kommentieren will, muss es zunächst einmal sehr genau kennenlernen! Die ständige Rückmeldung und Kritik im Prozess sorgt nicht nur dafür, dass die Jugendlichen sich immer mehr und besser informieren, sie werden auch klarer in ihren eigenen Positionen, deutlicher in ihren Worten und bewusster in ihrem Agieren.

Revuearbeit macht es möglich, Klischees und Vorurteile auszuspielen, sie auf den Punkt zu bringen und dadurch für eine Diskussion zu öffnen. Die Beiträge müssen keine Antworten liefern, sondern können zum eigenen Nachdenken anregen.

Immer wieder wird auch deutlich, dass die Aufführungen von der Vielfalt der Beiträge und von den unterschiedlichen Talenten der Jugendlichen leben, die sich einbringen. Allein dadurch lässt sich einem großen, komplexen oder gar kontroversen Thema auf besondere Weise gerecht werden. Kein Einzelbeitrag beansprucht für sich, die ganze Wahrheit zu sein – und doch scheint keiner verzichtbar. Wahrheit ist eben tatsächlich unteilbar, doch sie ist häufig so groß, dass sie sich mit unseren kleinen menschlichen Möglichkeiten nicht in Gänze wahrnehmen lässt.

Und so, wie auch den Elefanten vom Anfang keiner in Gänze „schlucken" muss, so lebt auch die Revue vor allem von der Annäherung aus unterschiedlichsten Richtungen. Und wer bislang im übertragenen Sinne „nur Rüssel und Stoßzähne kannte", lernt plötzlich ganz andere Seiten der Wahrheit kennen.

10 DEIN WORT SEI MEINES FUSSES LEUCHTE ...!

AKTION WERTVOLL-WORT

„Hast du dir ein Wort mitgenommen?"
Frühmorgens um 7:00 Uhr brechen die Konfirmanden der Konfus-WG Richtung Schule auf. Und so wie sonst Vater oder Mutter die Grundschüler ans Pausenbrot oder die Regenjacke erinnerten, so mutet jetzt diese Frage der ehrenamtlichen Mitbewohnerin an.
Ein Bibelwort mit in den Tag nehmen und es als Begleiter bei sich tragen, sicher ist das für Jugendliche nicht gerade ein übliches Ritual. Ungewohnt ist zunächst dann auch das abendliche Vorstellen dieser biblischen Verse, jeweils ergänzt durch eigene Gedanken und Deutungen, die im Laufe des Tages entstanden sind.
Anfangs ein wenig statisch, doch schon nach einigen Durchgängen entwickelt sich eine gewisse Routine, eine Leichtigkeit im Umgang mit der biblischen Sprache, ein Sicheinlassen auf die Botschaft.

Nicht nur im Rahmen der Konfus-WG haben wir vielfach positive Erfahrungen beim bewussten Umgang mit biblischen Worten gemacht. Die Tageslosung, ein Wochenspruch, das intensive Bedenken von Konfirmationssprüchen und eben auch die „Aktion WERTVOLL-Wort" greifen auch bei regelmäßigen KU-Gruppen ineinander und sorgen so für Übung im Umgang mit der „Guten Nachricht", die ja in unseren Breiten und im Protestantismus vielfach als Text an uns herantritt.

„Worte über Worte, Reden ohne Sinn. Lauter leere Phrasen wehen her und hin. Nur dein Wort, schärft mir den Sinn. Nur dein Wort zeigt, wer ich bin!" Dieses neue Kirchenlied von Martin Heider bringt es auf den Punkt: Das Wort der Bibel kann und will anderes als die Wortflut, die Tag für Tag über uns hereinbricht. Schon ein kleines Mosaiksteinchen aus der großen biblischen Botschaft hat Inhalt genug, um sich einen Tag an ihm „abzuarbeiten", um es als Fußes Leuchte und als Licht auf dem Weg zu nutzen. Es schärft Sinn und Verstand, kann mich erreichen und mir eine neue Sicht auf mich selbst und dieses Leben eröffnen.

Darum geht's:

Anhand von Textkarten oder anderen Medien befassen sich die Jugendlichen mit einem biblischen Wort und werden um ihre Deutung, ihr Verständnis gebeten. Auf diese Weise entwickeln sie nach und nach Übung im Umgang mit der biblischen Sprache und entdecken die Bibel als „Schatztruhe des Glaubens", als Ursprung von Zuspruch und Anspruch.

So geht's:

Mit Eva Jungs motivierender grafischer Umsetzung, der Betitelung als WERTVOLLWORT und der Online-Präsenz www.wertvollwort.de gibt es seit einiger Zeit eine besonders „griffige" Möglichkeit, Bibelworte in der KA in den Mittelpunkt zu stellen. Sie schreibt dazu auf der Website:

Kleine Häppchen. Großer Genuss.
Die Bibel ist ein fantastisches Buch voller guter Worte. Absolut lesenswert. Sie enthält die wertvollsten Worte, die es gibt. Gottes Worte. Seine Botschaft an uns.
Die beste Botschaft der Welt auf den Punkt gebracht.
Der Zugang zur Bibel ist nicht unbedingt immer einfach: Ein sprichwörtlich vielseitiges Buch – unzählige Seiten voller Lebensweisheit und Menschheitsgeschichte. Ausgewählte Bibelsprüche sind nichts Neues – aber die Bibel als „Wertvollwort", angereichert mit wachrüttelnden Schlagworten unter die Menschen zu bringen, erscheint ungewöhnlich. Wir kennen so etwas aus der Werbung und nicht in kirchlichen, „frommen" Zusammenhängen.
Doch was spricht dagegen, für die beste Botschaft der Welt möglichst viel Aufmerksamkeit zu erzielen?

Ein Wort, das den Bibeltext zusammenfasst, macht die Tür auf und verschafft dem Betrachter ein Aha-Erlebnis, zaubert ein Lächeln oder ein Stirnrunzeln ins Gesicht. Es inspiriert, fordert heraus oder gibt einfach neue Perspektiven zum Nachdenken.
Eine Website voller Wertvollworte – zum Durchklicken und Verschicken. Kostenlos. "[4]

Für die Aktion im KU kann man aus Folientaschen und den bunten Wertvollwort-Karten eine Art Wandbehang, ein Mosaik aus Stichworten erstellen. Tag für Tag (oder eben Unterrichtstag für Unterrichtstag) wählt nun jeder Jugendliche und Unterrichtende eine dieser Karten aus. Ein kleines Überraschungsmoment ergibt sich so, steht doch auf der bunten Vorderseite jeder Karte nur ein assoziatives Stichwort und die Textstelle vermerkt. Das Bibelwort als solches wird erst nach der Entscheidung sichtbar, wenn ich die Karte an mich nehme.
Ein kleines Schild neben der „Wort-Wand" erinnert noch einmal an das Verfahren:

Morgens nimmt sich jedeR eine Karte mit und kann erst nach erfolgter Auswahl die Rückseite lesen.

Bis zur Abendrunde hat jedeR Zeit, zu seiner Karte ein Statement zu schreiben: Was sagt mir dieses Wort? Könnte es mir etwas bedeuten? Verstehe ich es? Welche Botschaft von Gott liegt in diesem Bibelwort verborgen?

Mit diesem Spickzettel stellt abends jedeR „sein/ihr" Wort vor.
Die Zettelchen werden anschließend mit der aufgedeckten Karte wieder in die Wortwand gesteckt.

Wer mag, kann in den folgenden Tagen auch andere, schon aufgedeckte Worte mit eigenen Kommentarzetteln versehen.

4   www.wertvollwort.de, Zugriff am 12.05.2013.

Nutzt man die Wertvoll-Worte nicht im Rahmen einer Wohnphase oder auf einer Freizeit, so kann das Bibelwort auch von einem zum nächsten KU-Termin die Jugendlichen begleiten. Der Start in die nächste Stunde beginnt dann mit einer Runde, in der die einzelnen Worte vorgestellt werden. Auch hier kann das Aufbewahren der persönlichen Statements bei den Bibelworten ermutigen, eigenständig noch weitere Kommentare abzugeben. Vor allem aber macht es deutlich, dass Gottes Wort in unser Leben hinein übersetzt werden will, dass es wichtig ist, was ich daraus mache und wie ich es verstehe. Mein Kommentar konkurriert dabei nicht mit der biblischen Botschaft, er verknüpft diese aber mit meinem Leben.

In mehreren KU-Gruppen konnte ich immer wieder vergleichbare Erfahrungen machen: Das kraftvolle, biblische Wort erreicht auch heute noch Jugendliche! Angesichts der Wortfülle in Schule, Alltag, Werbung, Medien und Internet muss es sich heute aber zunächst auf überraschende Weise „uns nahelegen". Haben wir ihm erst einmal einen festen Platz in der Arbeit mit den Konfirmandinnen und Konfirmanden gegeben, dann wird es in seinem Wert für das eigene Leben, in seinem Wortgehalt von den Jugendlichen angenommen. Das gemeinsame Gespräch, der Versuch eigener Deutungen, die auch mal neben der theologisch üblichen Spur liegen dürfen – erst dies ermöglicht es den Jugendlichen, Zugang zur „alten Sprache" der Bibel zu bekommen. Und dann darf es gerne Luthers kantige Wortwahl bleiben, auch, weil später ein großer Teil der Konfirmationssprüche in der Lutherübersetzung Verwendung finden.

11 UNTERWEGS DURCHS NEUE TESTAMENT

JESUS-STATIONSTAG

Jetzt weiß ich, wie Heuschrecken und wilder Honig schmecken!
Das allerdings ist an sich keine wirklich wichtige Lernerfahrung im Kontext von KU, aber: Dieser Johannes der Täufer geht vielen unserer Konfirmandinnen und Konfirmanden vor allem aufgrund dieses Geschmackserlebnisses nicht mehr aus dem Kopf. „Klar", sagen sie später als zweiten Satz, „der hat doch Jesus getauft und dann kam da diese Taube ..." Zuvor heißt es aber fast immer: „Das war doch der mit den Heuschrecken!"

Darum geht's:

Im Rahmen einer Halbtages- oder Tagesaktion gewinnen die Jugendlichen an einzelnen Stationen im Stadtgebiet bzw. im Umland Einblick in wesentliche Stationen des Lebens und Wirkens von Jesus. Vor Ort lernen sie zumeist eine biblische Person und einen Text näher kennen und setzen sich im Rahmen einer kleinen Mitmachaktion mit deren Botschaft auseinander.

So geht's:

Diese Aktion habe ich sowohl mit einer einzelnen KU-Gruppe durchgeführt als auch als verbindendes Highlight aller Gruppen der Gemeinde oder in Kooperation mit den Nachbargemeinden. Der große Aufwand an Personen und Material, vor allem aber auch die Auslastung der Mitarbeitenden an den Stationen, spricht für einen größeren Kreis an Teilnehmenden.
Schön ist es, wenn schon viele der späteren Stationsposten beim Erdenken des Tages und beim Spinnen von Aktionen und Gestaltungsmitteln mitwirken können. Auch die Wahl passender Orte fällt leichter, wenn mehrere Menschen mitdenken und ihre „Beziehungen" spielen lassen.
Es beginnt damit, gemeinsam zusammenzutragen, welche Stationen und biblischen Texte der Evangelien wohl so wichtig und eindrücklich sind, dass

sie im Rahmen eines solchen Tages unverzichtbar sind. Soll doch dieser Tag die Person des Jesus von Nazareth unseren Konfirmandinnen und Konfirmanden näherbringen, sie in ihrer Gesamtheit und mit allen wichtigen Facetten erfahrbar machen. Schon dabei gehen im Vorbereitungskreis gelegentlich die Meinungen auseinander. Weihnachtsgeschichte ja oder nein? Oder lieber Markus folgend mit der Taufe einsetzen? Am Kreuz – ist das wirklich „spielbar"?

Das gemeinsame Ringen um die Stationen ist bereits ein guter Start in den Tag hinein. Denn auf diese Weise werden insbesondere den jungen Ehrenamtlichen Zusammenhänge klarer und sie gewinnen Verständnis für den Fokus, den die jeweilige Station auf das Leben Jesu legt. Dieses Wissen hilft, später an ihrer eigenen Station leichter in die Rolle zu finden und klarer mit der Botschaft des jeweiligen Ortes oder Textes umzugehen.

Irgendwann entsteht eine erste Liste, eine Abfolge von Lebensstationen und wesentlichen Texten. Jetzt ist die Fantasie gefragt: Welche Person könnte den Jugendlichen jeweils entgegentreten? Aus welcher Rolle heraus lässt sich gut berichten, was wesentlich ist? In vielen Situationen ist das die zweite Hauptperson (neben Jesus), also: Johannes der Täufer, der Hauptmann unterm Kreuz, Pilatus, Maria etc.

Manchmal hilft aber auch ein „Kunstgriff", die Szene interessant zu gestalten. Eine Randfigur, womöglich sogar erdacht, könnte kommentieren oder berichten. Ein Fischer, der seine Kollegen als Jünger davonziehen sah. Ein Mensch aus der Menge, der Bartimäus' Heilung erlebte. Der Vermieter des Raumes, in dem Jesus das Abendmahl feierte oder die Tochter des Wirts, der sich um den Verletzten kümmerte, den der Samariter ins Haus brachte. Ein wenig hilft bei der Entscheidung, sich dem Text mit der Brille des Bibliologs anzunähern. Auch dort helfen ungewöhnliche Blickwinkel und Personen, dem biblischen Text auf ganz eindrückliche Weise Leben einzuhauchen.

Den einzelnen Rollen geben wir dann außer ihrem biblischen Text als „Hintergrundwissen" folgende Hinweise sowie einen kleinen Erzählleitfaden an die Hand.

Allgemeiner Hinweis zu allen Rollen/Stationen

- *An diesem Tag sollen die KonfirmandInnen einen tiefen Einblick in das Leben, die Botschaft und die Erzählungen Jesu gewinnen. Sie werden alle Stationen anfahren, aber nicht in der gleichen Reihenfolge. Es kann also sein, dass ihr lange Wartezeiten zwischen zwei Gruppen habt oder eine Gruppe schon in Sichtweite darauf warten muss, dass ihre Vor-Gruppe fertig wird. Setzt also nichts an inhaltlichem Wissen voraus, was an anderen Stationen vermittelt wird!*
- *Kleidet euch eurer Rolle entsprechend. Wir haben Überwürfe / Gewänder und einen Kleidungsfundus, der dabei hilft. Denkt auch daran, die für euch vorgesehenen Accessoires mitzunehmen.*
- *Ihr solltet bei Regen vor Ort bleiben können. Richtet euch also entsprechend darauf ein. Denkt auch daran, dass 4-5 Stunden vergehen könnten, bis alle Gruppen bei euch waren! (Proviant, Lektüre … mitnehmen!)*
- *Versucht eure Geschichte aus der Rolle heraus frei zu erzählen. Wenn ihr damit fertig seid, verlasst deutlich (z.B. durch das Ablegen von Teilen eurer Verkleidung) die biblische Rolle, schlüpft in eure Rolle als MitarbeiterIn hinein und erklärt den KonfirmandInnen ihre Aktion / Aufgabe.*

Am Stationstag selbst treffen die Jugendlichen am frühen Nachmittag oder schon vormittags am Gemeindehaus ein. Alle bringen ihr Rad mit, Teams werden gebildet, Handy-Nummern zur Sicherheit ausgetauscht. Eine Karte oder ein Stadtplan mit allen Stationen (eingezeichnet und als Liste noch einmal abgedruckt) wird an alle Teams ausgehändigt. Darauf ist auch der Zeitplan vermerkt sowie Hinweise zum Verhalten unterwegs oder bei Problemen.

Entweder sind zu diesem Zeitpunkt die Mitarbeitenden schon zu ihren Stationen aufgebrochen, oder sie brechen jetzt gemeinsam mit einem der Teams zur Station auf. Ihr Material haben sie dann im Gepäck; ein bisschen Improvisation ist nötig, weil ja vor Ort noch in die Rolle geschlüpft werden muss und evtl. kleinere Vorbereitungen noch zu treffen sind.

Die einzelnen Teams fahren dann die Stationen mit dem Rad an. Hilfreich ist es, den Stationen zwar eine Reihenfolge zu geben, die Teams jedoch innerhalb dieses „Kreislaufes" an verschiedenen Punkten starten zu lassen. So sind vom Start weg alle aktiv und die Mitarbeitenden an den Stationen werden ungefähr im gleichen Zeittakt von den Teams aufgesucht.

Den Abschluss begehen wir dann nach vier bis acht Stunden (je nach Konzept und Stationsanzahl) gemeinsam im Gemeindehaus oder in der Kirche. Die Stationen haben ihren je eigenen Eindruck hinterlassen, wir tragen nicht zusammen oder stellen gar „Ergebnisse" vor.
Aber eine letzte Station kann dieser Abschluss sein, z.B. eine Station zum Missionsbefehl mit Hinweis auf die Reisen des Paulus. Dabei half uns schon mal eine große Weltkarte, auf der die Verbreitung der Religionen zu erkennen war. Richtig – irgendwie ist es damals weitergegangen, nach Kreuzigung und Auferstehung. Wir sind nicht nur angenommen (evtl. mit Rückbezug zur Taufstation und der Taube, die dort vielleicht als Symbol eine Rolle spielte), wir sind auch beauftragt und Teil einer großen Gemeinschaft. Deren erstes Symbol war der Fisch. Er galt als Erkennungszeichen, damals zu der Zeit, als die ersten Christen Ernst machten mit dem Auftrag, „hin in alle Welt zu gehen".

Es lohnt sich, im Team gemeinsam einen solchen Tag zu erdenken! Darum sollen die nun folgenden Auszüge zurückliegender Stationstage nicht mehr als eine Anregung sein.

Mögliche Stationen

Taufe Jesu	Mk 1,1-31	Am Lesum Hafen
Johannes der Täufer erzählt ...		

Auf was solltest du bei deinem Auftritt besonders achten?
Johannes ist ein derber, entschlossener Mensch / Er ist über die Maßen erstaunt, dass Jesus sich von ihm taufen lassen will / Er macht es trotzdem und merkt in dem Moment, dass Jesus der ist, auf den alle warten > der Messias / Er bleibt ein wenig verunsichert zurück, ob Jesus sich durchsetzen wird ...
Welche Aktion machst Du mit den KonfirmandInnen?
Die Propheten, auch Jesaja, haben dem Volk Israel das Kommen des Messias angekündigt. Von Jesaja stammt auch der Vers: „Ich habe dich bei deinem Namen gerufen, du bist mein." Auf den vorgedruckten Tauftaubenkarten soll dieser Merksatz von den K aufgeschrieben werden, wobei sie ihren Namen voranstellen! (Bedeutung: Auch für uns gilt: Wir gehören zu Gott. Er hat uns bei unserem Namen gerufen). Die kleine Tauftaube ist ein Geschenk für die, die es wollen.

Versuchung	Lk 4,1-13	Oben im Kirchturm von St. Martini
Ein Engel erzählt ...		

Auf was solltest du bei deinem Auftritt besonders achten?
Der Engel erzählt die Versuchungssituation oben auf dem Turm („Ich weiß, was ich will ...").

Welche Aktion machst du mit den KonfirmandInnen?
Fotoshooting > Womit könnte ich gelockt, bestochen oder verführt werden? Die Jugendlichen stellen Szenen, die fotografiert werden. Auch der Engel fragt sich, ob er selbst wohl widerstanden hätte.

Berufung der Jünger	Mt 4,18-22	Am Lesumsperrwerk
Ein Fischer erzählt ...		

Auf was solltest du bei deinem Auftritt besonders achten?
Du erzählst vom gleichförmigen Alltag der Fischer, von ihren Familien, die darauf angewiesen sind, dass tagtäglich ein Fang „ins Haus kommt". Deine Kollegen kannst du nicht verstehen. So ohne jede Vernunft lassen sie alles stehen und liegen? Das wird sich bestimmt rächen ... oder ob sie doch im richtigen Moment die Chance ergriffen haben? Jesus jedenfalls fandest auch du faszinierend, als er bei euch war. Aber zum Weggehen warst du zu alt, zu mutlos, zu verantwortungsbewusst.

Welche Aktion machst du mit den KonfirmandInnen?
Auf kleinen Kärtchen notieren sie alltägliche Abläufe und Gegenstände, die sie dann in deine Netze mit einknoten

---

Seligpreisungen   Mt 4,23 - 7,29 i.A.   Friedehorst Park
Eine Zuhörerin von damals erzählt ...

Auf was solltest Du bei deinem Auftritt besonders achten?
Du erzählst, wie es immer mehr wurden, mit denen du Jesus folgtest. Ihr wolltet einfach keine Rede, kein Wunder, keine Heilung verpassen. Schließlich wart ihr so viele, dass Jesus vom Berg aus zu euch sprechen musste. Und du warst total verwirrt, weil das, was er sagte, so ganz anders war als die Regeln und Gesetze, die euch die Priester bislang gelehrt hatten!

Welche Aktion machst du mit den KonfirmandInnen?
Erzähle erst und bitte sie dann, in die Bergpredigt hineinzuhören (MP3-Player mit Boxen). Unterbrich immer mal wieder und lass sie in ihrem Heft/Zettel notieren, wo Jesu Forderungen ganz quer zu unseren gewohnten Einstellungen liegen.

Hochzeit zu Kanaa   Joh 2,1-12   Terrasse eines Gasthofs
Maria erzählt ...

Auf was solltest du bei deinem Auftritt besonders achten?
Du bist hin- und hergerissen. Er weist dich ab, aber trotzdem bist du stolz auf ihn. Du merkst: Er ist nicht mehr dein Sohn. Du hast ihn irgendwie „verloren". Jetzt bleibt dir nur die Hoffnung auf ihn als Messias. Ob das gut geht?

Welche Aktion machst Du mit den KonfirmandInnen?
Erzählen, den Krug zeigen, Traubensaft mit allen teilen, überlegen, wie es für Eltern wohl ist, wenn ihre Kinder eigene/ungewohnte Wege gehen ...

Zachäus	Lk 19,1-10	Am Ortseingang
Zachäus erzählt ...		

Auf was solltest du bei deinem Auftritt besonders achten?
Du bist noch ganz begeistert und planst 1000 gute Taten, mit denen du deine Freude zeigen willst. Jesus hat dich wieder in die Gemeinschaft eingeführt. Er hast das Trennende überbrückt. Jetzt bist du auch den anderen wieder willkommen. Und du lädst ein. Am Tisch ist wieder Platz für dich, das Tischtuch ist nicht mehr zerrissen, wie man so sagt. Erzähle ausführlich von deinem Loyalitätsproblem den Römern und deinem Volk gegenüber, von deinem Minderwertigkeitsgefühl (zu klein ...) und deinem Ringen, ob du dich wirklich auf diesem Baum lächerlich machen willst. Und wie überraschend dann Jesu Reaktion für dich war!

Welche Aktion machst du mit den KonfirmandInnen?
Ihr überlegt, ob die K solche Außenseiter kennen, wie man zu einem wird, was eigentlich eine Wiedereingliederung so schwer macht. Ihr nehmt dann Jesus beim Wort und schreibt Tischkarten mit solchen Außenseiternamen aus ihren Klassen, Gruppen etc. Damit füllst du nach und nach Tisch oder Picknickdecke.

Bartimäus	Mk 10,46-52	Am Bremer Blindengarten
Ein Mensch aus der Menge erzählt ...		

Auf was solltest du bei deinem Auftritt besonders achten?
Du erzählst, wie diese Heilung vonstattenging. Schwerpunkt: Bartimäus ist der Aktive (er ruft, er schreit, er sorgt für sich), Jesus reagiert nur. Bartimäus ist nicht hilflos, er ist „nur" blind. Und Jesus gibt ihm das Gefühl, eine eigene Persönlichkeit zu sein. Er fragt ihn, was er für ihn tun kann. Er lässt Bartimäus entscheiden und stark sein. Vielleicht erzählst du die Geschichte und bist hinterher selber überrascht, wie wenig du von Jesus und wie viel du von Bartimäus gesprochen hast. Bartimäus scheint wohl die Hauptperson zu sein, Jesus eher ‚Statist'?!

Welche Aktion machst du mit den KonfirmandInnen?
Fragt euch, was Jesus wohl mit seinem letzten Satz gemeint haben könnte. Sprecht dann darüber, dass jeder Mensch Hilfe braucht, aber jeder auch etwas kann / stark ist. Dreht kleine Video-Clips (mit Smartphone oder Camcorder), in denen der Satz: „Bitte hilf mir!" in möglichst verschiedenen Situationen vorkommt.

Verlorener Sohn	Lk 15,11-32	Auf einem Bauernhof
Der ältere Bruder erzählt ...		

Auf was solltest du bei deinem Auftritt besonders achten?
Du bist als älterer Bruder noch immer empört, wenn die Gruppe kommt. Da hat dein Vater doch tatsächlich ... (du erzählst, was nach und nach passiert ist)!!! Und Jesus, der erzählt jetzt überall eure Geschichte rum und behauptet, dass das ganz richtig war. Dass Vaters Liebe eben alle Fehler übersteigt. Klar, ein gutes Gefühl wäre das schon, wenn wir trotz all unserer Fehler geliebt würden und immer wieder eine Chance bekämen (du hast ja auch welche). Aber jetzt, bei deinem Bruder, da ist das eben ganz schön schwer für dich zu ertragen, wie groß Vaters Liebe ist!
Und Jesus sagt überall im Land: Genauso ist Gott! Ein Vater eben, dessen Liebe größer ist als unsere Fehler.

Welche Aktion machst du mit den KonfirmandInnen?
Ihr erzählt einander von Geschwisterstreit zuhause. Von Situationen, in denen ihr euch ungerecht behandelt gefühlt habt. Und: Kennt ihr das auch, dass jemand euch trotz eurer Fehler noch liebt? Dass ihr unerträglich wart/ seid und euch trotzdem einer (er)trägt? Schreibt solche Situationen auf.

Barmherziger Samariter   Lk 10,25-37   Am Adelenstift
Die Tochter des Wirts erzählt ...

Auf was solltest du bei deinem Auftritt besonders achten?
Du, als Tochter des Wirts, erzählst, was der Verletzte während seines „Genesungsaufenthalts" bei euch von seinem Überfall und der Errettung berichtet hat. Das ist das erste Mal, dass du als fromme Jüdin so von einem Samariter gesprochen hast. Und du hast gemerkt: Er hat genau das Richtige getan. Obwohl er die Juden eigentlich hassen müsste. Aber: Er hatte Mitleid und da hat er nicht mehr auf die Volksgruppe geachtet, sondern einfach nur geholfen! Lass einfließen, weshalb Jesus diese Geschichte erzählt. Worauf antwortet sie? (s. Verse 25-28)

Welche Aktion machst du mit den KonfirmandInnen?
Du erzählst, dass Jesus mit dieser Geschichte uns Christen auffordert, unseren Nächsten (also den, der gerade unsere Hilfe braucht) zu unterstützen. Aber wie? Das macht die Kirche im Rahmen der DIAKONIE (= praktische Hilfeeinrichtungen der Kirche). Anhand von Piktogrammen überlegst du mit den Konfirmanden, welche Arbeitsfelder, welche Art von Hilfe wohl gemeint ist. Außerdem sammelt ihr Ideen, wie man mit dem Mund, der Hand, mit Geld, mit dem Ohr ... helfen könnte: Jeder kann auf irgendeine Weise Hilfe leisten!

Arbeiter im Weinberg   Mt 20,1-16   Marktplatz/Arbeitsamt
Ein Tagelöhner erzählt ...

Auf was solltest du bei deinem Auftritt besonders achten?
Du erzählst aus deiner Rolle heraus: Ich bin so ziemlich der Letzte, der heute hier noch auf Arbeit wartet! Aber gestern, da ist was passiert! War das nun ungerecht oder nicht? (Erzählung) Du bist total durcheinander, was sich der Weinbergbesitzer dabei gedacht hat. Erzählst auch, wie ärgerlich manche Tagelöhner gestern waren. Aber: Du lässt auch durchblicken, dass ohne einen Tagelohn die eigene Familie den nächsten Tag nichts zu essen hat. Weniger als ein Tagelohn reicht nicht. Der Weinbergbesitzer hat also nicht bezahlt, was man verdiente, sondern was ein jeder brauchte. Jesus sagt: so ist es gut. Er gibt uns nicht, was wir verdienen (das wäre manchmal ganz schön wenig), sondern was wir benötigen!

Welche Aktion machst du mit den KonfirmandInnen?
Was braucht ein Mensch zum Leben? In Deutschland bekommt man nach dem Hartz IV-Gesetz Geld nach Maßgabe des so genannten Warenkorbs. Er regelt, was Existenzminimum in unserer Republik sein soll. Sein Gegenwert in Geld wird jeweils ausgezahlt. Ihr stöbert im Warenkorb und notiert, wie viel Geld ihr wohl monatlich für diese Dinge als Erwachsene benötigen würdet. Dann kontrolliert ihr, was der Warenkorb vorsieht und diskutiert, was ihr wenig, viel, ausreichend etc. findet (pro Gruppe ein Zettel zum Beschriften).

Beim Passamahl   Joh 13,1-11   In einem Saal
Der „Vermieter" erzählt ...

Auf was solltest Du bei deinem Auftritt besonders achten?
Du erzählst, was du beobachtet hast, nachdem die zwei Jünger den Raum nachgefragt hatten. Dabei ist wichtig: Jesus und seine Jünger handeln total „üblich". Du bist gar nicht überrascht gewesen, als die Sedertafel gedeckt wurde, die du bei der Gelegenheit den KonfirmandInnen erklärst und zeigst. Völlig geschockt warst du, als am nächsten Morgen die beiden bei der „Raumrückgabe" von der Einsetzung des neuen Mahls (des Abendmahls) und erst Recht von der Fußwaschung berichten

Welche Aktion machst du mit den KonfirmandInnen?
Du erklärst in Grundzügen die vorbereitete Sederplatte und wäschst den Jugendlichen, die Lust haben, die Füße.

Getsemani	Mt 26,31-56	In einem Garten
Der Gärtner berichtet ...		

Auf was solltest du bei deinem Auftritt besonders achten?
Wichtig ist, Jesu Situation deutlich zu machen: Er ist entschlossen, aber doch auch ängstlich. Er braucht seine Freunde, aber die enttäuschen ihn. Er betet angesichts einer großen Sorge/Last/Angst, die er hat. Er betet zu Gott und fühlt sich dabei geborgen und verlassen zugleich. Allein und mit Gott verbunden. Erzähle als Gärtner „am nächsten Morgen", was sich gestern hier zugetragen haben soll. Auch von der dramatischen Verhaftung, bei der du nicht verstehen kannst, dass Jesus sich nicht helfen lassen wollte und sogar noch nett zu seinem Feind war.

Welche Aktion machst du mit den KonfirmandInnen?
Ihr beschriftet angesichts der schlummernden Jünger ein Traumkissen mit Stichworten, was man von seinen Freunden erwartet. Auf kleinen Kärtchen können die Jugendlichen anonym ein Gebet schreiben. Was möchte ich beten, worum bitte ich Gott, angesichts der Sorgen und Probleme die ICH gerade habe. Die Karten kommen in eine verschlossene Box und werden in die Fürbitte bei einem der nächsten Gottesdienste einfließen, also dort laut gebetet werden.

Verurteilung	Lk 23,13-25	Auf der Rathaustreppe
Pilatus erzählt ...		

Auf was solltest du bei deinem Auftritt besonders achten?
Sei herrschaftlich! Berichte von deinem Eindruck, von deinen „Rettungsversuchen". Mach immer wieder deutlich, dass du nichts damit zu tun haben willst. Wasche (zwanghaft) immer mal wieder deine Hände rein („in

Unschuld"). Als Pilatus fragst du dich: Warum lässt sich Jesus nicht von dir helfen? Warum ist er bereit zu sterben?

Welche Aktion machst du mit den KonfirmandInnen?
Erkläre, dass alles, was du leidenschaftlich liebst, auch die Bereitschaft zu leiden, Einschränkungen in Kauf zu nehmen, von dir fordert (Kinder großziehen, Training für Hobby ...). Als Zeichen für die Leidenschaft hast du große Herz-Ballons, die du mit Stichworten zur Leidensbereitschaft beschriftest. Alles, was wir lieben, lässt uns auch leiden (in Kauf nehmen) – dafür setzen wir uns ein! Jesus z.B. will damit Gottes unendliche Liebe/ Leidensbereitschaft den Menschen gegenüber deutlich machen.

Leeres Grab	Mt 28,1-20	Auf dem Friedhof
Keine Szene – aber eine Box mit Textstelle bzw. einer Stilleübung		

Welche Aktion findet hier statt?
In der Box ist der Hinweis, den Text ruhig und laut zu verlesen.
Auf dem Weg über den Friedhof sollen die K nach Zeichen, Worten, Symbolen für die Hoffnung auf die Auferstehung suchen.

12 SPEZIALISTEN UNTERRICHTEN

KONFUS IN DRITTELGRUPPEN

„Beim Konfus reden doch sowieso immer nur dieselben!"
Richtig, und dieses KU-Statement eines Jugendlichen gilt für beide Seiten gleichermaßen: Viel zu oft liegt das Unterrichten in der Hand von zu wenigen Unterrichtenden. Und: Viel zu oft werden Kreisgespräche und Diskussionen von einer Handvoll Jugendlicher dominiert.
Nachdem wir in den letzten Jahren sehr gute Erfahrungen im Rahmen von Tischgruppenarbeit mit Konfirmandinnen und Konfirmanden gemacht haben[5], lag ein Konzept mit möglichst kleinen, eigenverantwortlichen Gruppen praktisch auf der Hand.

Darum geht's:

Die Gesamt-Konfus-Gruppe teilt sich auf und jede Kleingruppe erarbeitet für sich im Rahmen eines Blocktags oder einer Freizeit ein Thema des KU. Zu diesem Thema gestaltet dann die Kleingruppe an einem der folgenden Termine den Unterricht.

So geht's:

Das kennen wir doch aus vielen Bereichen des Lehrens und Lernens: Für besondere Themenbereiche lädt man sich ReferentInnen ein; Fachleute, die zum anstehenden Thema Grundsätzliches oder Neues beitragen kön-

---

5   Tischgruppen sind KU-Kleingruppen von etwa 4-6 Jugendlichen, die sich 3-5 Mal am Tisch zu Hause bei einem Elternteil treffen und dort über biblische Texte ins Gespräch kommen. Ein Gesprächsleitfaden will dabei unterstützen, ist jedoch keine Vorgabe. Mehr dazu: Niermann, Dieter: KU-Praxis 53. Mit dem Wartburg zur Wartburg © Gütersloher Verlagshaus, Gütersloh 2009, S. 58 ff.

nen. Die „Drittelgruppen" machen von dieser Praxis ausgehend Ernst mit der Tatsache, dass auch die Jugendliche im KU Akteurinnen und Akteure des Unterrichts sein können. Sie zu befähigen, die anderen Jugendlichen zu unterrichten und dabei nicht nur „wiederzukäuen", was ihnen gesagt wurde – darin liegt die Schwierigkeit, aber auch die große Chance dieses Vorgehens.

Zwei wesentliche Zeiträume sind in diesem Zusammenhang zu beschreiben:

SPEZIALISTEN unterrichten
Spezialisten UNTERRICHTEN

SPEZIALISTEN unterrichten

Wie werden also Konfirmandinnen und Konfirmanden zu Spezialisten? Sie sind des eigentlich längst!
Mit dieser gedanklichen Kehrtwende steht und fällt das ganze Vorhaben. Wenn wir nämlich kein oder nur geringes Vertrauen in die Deutungs- und Sprachfähigkeit der Jugendlichen haben, werden wir nicht genügend loslassen können. Stete Impulse von uns, das Ganze dann doch noch in die „richtige" Richtung zu lenken oder zu „ergänzen", rauben den Jugendlichen, die anfangs selbst verunsichert sind, notwendiges Selbstvertrauen und Leichtigkeit.
Und doch benötigen sie unsere Unterstützung, wollen es richtig machen und fordern manchmal sogar ein konkretes Skript ein, das sie nur vortragen müssten. Nicht aus Faulheit, sondern aus dem Gefühl heraus, zu diesem Thema im KU nicht das Richtige sagen zu können.

Die notwendige Unterstützung soll deshalb die vier tragenden Säulen dieses Vorhabens stabilisieren:

1. Gute Mischung der Drittelgruppe

Unterschiedliche Wege sind denkbar, wie aus einer KU-Gruppe Drittel-(oder Viertel-)Gruppen werden. Eine wichtige Voraussetzung bei der Einteilung ist es, die Gruppe und die Einzelnen gut kennen gelernt und ein

Vertrauensverhältnis aufgebaut zu haben. Nur dann nämlich wird das notwendige offene Gespräch über Talente und funktionierende Konstellationen gelingen und ein Ergebnis, das sicher nicht mit Freundeskreisen oder Cliquen deckungsgleich ist, die nötige Akzeptanz finden. Um ein solches Gespräch führen zu können, sollte den Jugendlichen ihre zukünftige Aufgabe möglichst deutlich erklärt worden sein.

So wird schnell klar, um welche Fähigkeiten und Aufgaben es im Zuge des gesamten Prozesses geht und es kann leichter gelingen, gut gemischte Teams an den Start zu bringen.

2. Basis-Wissen

Bei aller Eigenständigkeit: Es ist nicht redlich, sich dann als Unterrichtender mit einem „Macht mal ...!" von der Bildfläche zu verabschieden. Jetzt heißt es, das vorgegebene Thema (Vaterunser, Diakonie, Gleichnisse, Abendmahl etc.) so weit zu besprechen, dass sich die Drittelgruppen trauen, selber weiterzuarbeiten. Das kann auch im Rahmen der Themenfestlegung schon geschehen. Die Liste möglicher Themen wird einer oder allen Gruppen zugleich vorgestellt. Im Rahmen dieser Vorstellung wird kurz der jeweilige zentrale Punkt des Themas benannt. Wichtige Eckpunkte tauchen dabei schon mal auf (Relevanz für unseren Glauben, Deutungsmöglichkeiten etc.). Ist das Thema schon vorab gewählt oder festgelegt worden, geht es aber auch anders:
In einer „aktuellen Stunde" können die Jugendlichen Unterrichtende ihrer Wahl kurz danach befragen, was sie an diesem Thema besonders wichtig finden.
Ziel bei allen diesen unterstützenden Verfahren ist, dass die Kleingruppen Grundlagen mitbekommen, die ihnen helfen, sich nicht auf falsche Fährten zu begeben und später dann völlig frustriert aufzugeben oder zurückgerufen zu werden. Zugleich gilt es, ihnen Interesse an IHRER Deutung, IHRER weiteren Recherche und IHREN Gedanken zum Thema zu vermitteln.

3. Selbst-Verständnis

Genau hierin liegt der große Gewinn des Drittelgruppen-Prinzips:
Die Jugendlichen nutzen ihre Recherchefähigkeiten (Literatur, Internet, Gespräche mit Eltern o.ä.), um schließlich im gruppeninternen Diskussionsprozess ein eigenes Verständnis und damit auch ein Selbst-Verständnis zu entwickeln. Damit gewinnt das Thema nicht nur Nähe zu den unterrichtenden Jugendlichen, sondern auch Relevanz für die anderen Jugendlichen und über die Gruppe hinaus. Religion, eigener Glaube ist ja stetiger Entwicklung und zeitbezogener Deutung unterworfen. Und überall, wo Menschen daran mitwirken, wo sie sich auf der Basis der biblischen Botschaft eigene Perspektiven erschließen, kleidet sich das Evangelium auf immer wieder neue und zeitgemäße Art. Auch im KU lässt sich mit der Tatsache Ernst machen, dass Glaube durch Diskussion gewinnt, und eben deren Schritte durchlaufen auch unsere Kleingruppen in ihrem Selbstlernprozess: Zweifel und Unsicherheit, Klärung und Untersuchung, Erkenntnisse, Einwände, Lösungen.

Den Unterrichtenden (im Idealfall vor allem den Ehrenamtlichen im Team) kommt in dieser Zeit vor allem die Rolle des Ermutigens, des Sich-Erzählen-Lassens und Spiegelns zu. Klar, dass die Jugendlichen vor allem hören wollen, ob es „richtig" ist, was sie herausgefunden haben und sich zum Thema so denken. Dieser Frage behutsam auszuweichen und in jedem Gespräch ein wenig mehr Vertrauen in ihre eigene Überzeugung zu säen, das ist die Kunst in dieser Arbeitsphase.

4. Methodische Kompetenz

Aber wie nun die gewonnen Einsichten und Ansichten dem Rest der Gruppe vermitteln? Und wenn nicht alles, was ist dann auf jeden Fall zum Thema zu sagen?

Die Unterstützung, die in dieser Phase nötig ist, kommt hier zu spät.
Das Gewichten und Ordnen von Inhalten lässt sich gerade noch an diesem Punkt leisten und durch uns begleiten, Ideen für die Umsetzung entwickeln die Jugendlichen aber vor allem auf der Basis von dem, was sie im KU oder andernorts bereits an Spielen, Methoden, Aktionen etc. kennengelernt haben. Unsere Unterstützung haben wir also bereits in den Vormo-

naten (hoffentlich) dadurch gewährt, dass wir selbst uns um Methoden-vielfalt, um wechselnde Moderationsarten und -personen gekümmert und einen Fundus an Liedern und kleinen Bausteinen angesammelt haben, den die Jugendlichen jetzt als Materiallager für ihr eigenes Vorgehen nutzen können.

Später, wenn ihre Ideen zum Ablauf des KU-Treffens konkreter geworden sind, können wir uns wieder mehr anbieten, z.B. mit ein wenig Know-how in Sachen Zeitbedarf oder Abfolge einzelner Elemente.

Spezialisten UNTERRICHTEN

Und irgendwann ist es dann so weit: Das erste Team geht als Unterrich-tende an den Start. Gut, wenn wir auf ein paar Kleinigkeiten unauffällig geachtet haben (Ist das notwendige Material da und vollständig? Sind die Zuständigkeiten geklärt? Ist niemand an eine Aufgabe geraten, die ihn (vermutlich) in eine unangenehme Lage bringt?). Nicht alle Fehler, die wir selbst schon mal gemacht haben, müssen diese jungen Unterrichtenden bei ihrem Debüt noch einmal durchleiden!
Die Gruppe, das konnte ich zumindest häufig erleben, ist bei diesen KU-Terminen fast immer sehr freundlich zu ihren jungen Unterrichtenden. Zum einen wohl, weil diese ja als Gleichaltrige zu ihnen sprechen, zum an-deren aber auch, weil sie selbst sich bei „ihrem Termin" eine konzentrierte und mitarbeitende Gruppe erhoffen.

Und wir?
Warum jetzt nicht genießen, dass es gut gelingen wird? Wie schön ist es, die Konfirmandinnen und Konfirmanden beim eigenständigen Tun erle-ben zu dürfen, mal nicht selber zu „produzieren", sondern wohlwollend beobachten zu können.
Und was sollte uns dabei stressen? Die Angst um die Qualität, um die Inhalte, um die Abläufe? Wenn wir schon messen wollen, erinnern wir uns doch einfach an einen dieser KU-Nachmittage, an denen wir einfach „schlecht" waren. Schlecht vorbereitet, schlecht gelaunt oder mit dem aus-gewählten Konzept oder Material schlecht beraten.
Messen und vergleichen wir also nicht.

Korrigieren und ergänzen wir ebenso wenig!

Wenn zum angesprochenen Thema wirklich noch Wesentliches zu sagen ist, vertagen wir diese Fußnote. Es wird noch so viele Gelegenheiten geben, an denen wir das noch sinnvoll einbauen können. Und wer weiß: Vielleicht ist das, was unserer Ansicht nach noch „fehlte" oder korrigiert werden müsste, in ein, zwei Wochen für uns längst nicht mehr so wichtig ...

13 EIN HAUCH VON HIMMELREICH

IKONEN IM KONFUS

„Wie, das ist jetzt so richtiges Gold?"
Die Überraschung ist der fragenden Konfirmandin deutlich ins Gesicht geschrieben. Wer hat schon Gold zu Hause? Und jetzt liegt im KU-Raum einfach so ein kleiner Stapel Blattgold auf dem Tisch! Auch wir Unterrichtenden wissen nicht so recht, ob gelingen kann, was wir uns vorgenommen haben: Konfus mit Ikonen?! Selbst uns sind diese Heiligenbilder der Ostkirchen auf faszinierende Weise fremd. Und dann dazu unsere Jugendlichen? Erst recht kommen uns erste Zweifel, wenn wir an die Aktion mit dem Vergolden und Herstellen einer eigenen Ikone denken! So gehen wir in diese Phase unserer KU-Zeit: Mit viel Skepsis und zugleich einer schwer zu erklärenden Faszination.

Darum geht's:

Sich selbst und den Jugendlichen im KU durch die Beschäftigung mit Ikonen eine besondere Sicht auf die christliche Botschaft eröffnen und durch das Gestalten eigener Ikonen eine persönliche Beziehung, einen „Link" zur Botschaft herstellen.

So geht's:

Für die Arbeit mit Ikonen im KU lohnt sich zum Einstieg die Auswahl einer einzelnen Ikone. Ausführlich betrachtet eröffnet diese ein tieferes Verständnis für Ikonen allgemein und hilft, in die ganz eigene Bilderwelt von Ikonen einzutauchen. Außerdem kommt es beim konzentrierten Arbeiten und Betrachten oftmals schon zu einer besonderen inneren Bindung an diese Ikone und zum ersten Erleben der Faszination, die diese Bilder wecken können. Ich selbst beginne oft und gerne mit der so genannten Freundschaftsikone[6], bei der die Darstellung auch für Jugendliche ansprechend und leicht zu erschließen ist und die Botschaft zugleich eine große Relevanz für Jugendliche im KU hat. Die Freundschaftsikone ist zudem vom Motiv und der Menge an Details für eine spätere Herstellung eigener Ikonen besonders gut geeignet.

---

6   Die „Ikone der Freundschaft" ist eine der beliebtesten Ikonen in Taizé. Mehr dazu z.B. unter: *www.st.stephan.at/beheimatet/taize/ikonen.htm (Seitenaufruf am 24.5.13).*

Ikonen – Der Einstieg

Im KU-Raum oder in der Kirche haben wir den Einstieg vorbereitet: Ruhige Musik läuft. In der Mitte oder vorne am Altar steht ein auf Holz aufgezogener Druck der Freundschaftsikone.

Im Halbkreis sitzend beschreiben wir nun, was es zu sehen gibt. Nach und nach gerät jedes Detail in den Blick, bleibt jedoch zunächst nicht erklärt, sondern lediglich benannt. Wenn überhaupt fragen wir Unterrichtenden nach persönlichen Einschätzungen oder interessieren uns für die Wirkung, die das eine oder andere Detail bei den Jugendlichen erzeugt. Wir sind im KU, nicht im Kunstunterricht!

Zumeist lassen sich auf diese Weise viele Dinge bereits zusammentragen: die Heiligenscheine, das Buch (und seine Perspektive), die großen Köpfe, der Arm auf der Schulter, der Fingerzeig. Wir selbst erklären wenig, ermutigen aber die Jugendlichen, den beobachteten Dingen eine Erklärung folgen zu lassen. Und so öffnet sich im Gespräch nach und nach bereits ein großer Teil der Bilderwelt dieser Ikone und dadurch auch von Ikonen ganz allgemein. Oft haben wir in diesen ersten Betrachtungsrunden länger zusammengesessen als geplant. Denn ist man erst einmal „drin", kann einen selbst eine so schlichte Darstellung gefangen nehmen. Ist das der Fall, geben wir diesen Eindruck, diese Beobachtung auch an die Gruppe zurück, indem wir von unserer eigenen Überraschung berichten, wie lange diese Runde nun schon gedauert hat.

Ikonen – Ihr „Wesen"

Ikonen sprechen uns an. Ihre „Fremdheit" ist es, die uns fasziniert. Von vorne, frontal kommt uns da biblische Botschaft und ostkirchliche Frömmigkeit entgegen. Unausweichlich blickt sie uns mit großen Augen direkt an. Bei einigen Ikonen ist zudem die Perspektive umgekehrt gewählt, ihr Fluchtpunkt liegt vor dem Bild, bei uns – beinahe so, als würde das Bild uns betrachten. Ikonen wollen eine direkte Verbindung herstellen zwischen dem Betrachtenden und dem Dargestellten und damit auch eine direkte Verbindung zwischen Gott selbst (der „hinter" der dargestellten Person steht) und uns Menschen. Ikonen wollen durch ihre zweidimensionale Darstellung unmissverständlich zeigen, dass sie nicht Wirklichkeit sind, sondern lediglich ein Abbild. Schattenwurf ist in der Regel nicht vorhanden, auch keine Lichtquelle ist auszumachen. Die Personen scheinen „göttliches Licht" auszustrahlen. Ihre Erdtöne rühren von den damals (und bis heute) verwendeten Pigmenten her, die zur Verfügung standen; ihr Gold transportiert den großen Wert, die Ehrfurcht vor dem Himmel und dem Himmlischen in den Menschen. Der Künstler tritt komplett hinter dem Werk zurück. Ikonen werden nicht signiert, aber beschriftet, damit sich die Verehrung nicht auf das Bild, das Werk bezieht und womöglich verselbstständigt, sondern an die konkrete dargestellte Person gebunden bleibt. Es wird vor einer Ikone gebetet – nicht die Ikone selbst ist anbetungswürdig. Ihr Hersteller bleibt demnach „Handwerker" und wird nicht zum schöpferisch tätigen Künstler.

Ikonen – Die Herstellung

Oft setzt in diesem Stadium der Beschäftigung mit einer Ikone eine gewisse „gebremste Eigendynamik" ein: Die Bilder haben die Jugendlichen angesprochen, durch ihre Fremdheit fasziniert. Das Gold (und weiteres Material) liegt bereit. Lust wäre schon da, selbst eine Ikone anzufertigen, oft aber wenig Vertrauen in die eigenen Fähigkeiten.
Die Erfahrung aber zeigt, dass mit etwa drei bis vier Arbeitsphasen von je 2-3 Stunden gute Ergebnisse zu erzielen sind. Wir laden daher ein, sich ruhig an einer „echten Ikone" zu versuchen, bieten jedoch auch die Möglichkeit, die Beschäftigung mit Ikonen durch das Herstellen einer „fastpainted" Ikone für sich zu beenden.

Die Herstellung beider Varianten wird hier in stark verkürzter Form vorgestellt. Diese Vorgehensweise ist praxiserprobt, es lohnt jedoch auf jeden Fall, sich durch entsprechende Literatur oder im Internet noch ein wenig „einzuarbeiten" – vor allem aber in einem ersten Schritt selber eine Ikone anzufertigen. Das notwendige Material lässt sich im Baumarkt bzw. Bastelladen erwerben. Blattgold und das notwendige Zubehör und Werkzeug findet sich in diversen Online-Shops.

Die „echte" Ikone

Eine ca. 16 mm starke Holztafel (Vollholz oder Tischlerplatte) mit Kreidegrund mehrmals dünn einstreichen. Zwischendrin trocknen lassen. Nach dem 3. Mal zwischenschleifen. Dafür Kaltkreidegrundpulver nach Anleitung anmischen und ca. 20 Minuten quellen lassen.
Die mehrmals gestrichene Tafel nach dem Durchtrocknen gründlich schleifen (erst Körnung 120 oder 180, dann immer feiner).

Das Motiv auf den Kreidegrund übertragen. Wird hierbei die Freundschaftsikone verwendet, ist es durchaus denkbar, dem Abt Menas eigene Züge zu geben und damit die Botschaft der Ikone noch deutlicher herauszustellen. Die Heiligenscheine (und evtl. Himmel/Hintergrund) mit Lack dünn „sperren", damit diese Flächen Feuchtigkeit nicht mehr aufsaugen.

Später Mixtionsöl dünn auftragen und ca. eine Stunde antrocknen lassen. Blattgold „anschießen", also stückweise mit dem „Anschießer", einem feinen Haarpinsel, das Blattgold aufnehmen und am richtigen Ort platzieren. Mit dem Vergolderpinsel vorsichtig antupfen.
Nach einigen Stunden Goldreste abkehren. Goldschicht weiter aushärten lassen und evtl. später polieren.

Das Motiv wird dann Schicht auf Schicht, von Dunkel nach Hell gemalt bzw. „herausmodelliert". Dabei wird Eitemperafarbe verwandt, die schnell antrocknet und gut zu verarbeiten ist.
Sie besteht aus Farbpigmenten und Eiemulsion als Bindemittel. Eigelb und Wasser werden dazu mit ein wenig Spiritus im Verhältnis 1:1 gemischt. Die Farbe entsteht direkt in der Mischschale, indem man ein wenig Farbpigment „anteigt", also mit Wasser dickflüssig verrührt, ohne dass Klümpchen entstehen, und diese Masse dann mit der gleichen Menge Eiemulsion vermengt.
Eiemulsion und evtl. übrige Farbe kann man luftdicht verpackt für einige Zeit im Kühlschrank aufbewahren. Die Jugendlichen sind oft von der Tatsache überrascht, dass eine so einfache Farbe aus natürlichen Stoffen z.B. bei der Freundschaftsikone mehr als 1.400 Jahre überdauert hat.

Die „fast-painted" Ikone

Ja, auch das kann es geben: Einfach keine Zeit und Zweifel an der eigenen, handwerklichen Begabung, die so groß sind, dass es schade um Gold und anderes Material wäre!? Dann bleibt als Abschluss der Ikonen-Zeit und auch, um ein bleibendes Erinnerungsstück an die Botschaft von der Freundschaft Gottes mit uns Menschen (mit MIR Mensch) zu haben, eine weniger aufwändige Lösung:

Der Holzuntergrund wird mit 240er-Körnung so glatt wie möglich geschliffen.

Das Motiv wird mit Kohlepapier auf den Untergrund übertragen und anschließend mit Plakatfarbe ausgemalt.

Ein späterer Überzug mit Seidenmattlack kann nach ca. 3-5 Tagen Trocknung erfolgen.

Eine Beschriftung sollte bei beiden Varianten auf jeden Fall mit Hilfe eines feinen Pinsels und Schriftmustern erfolgen, da dadurch ja das Bild strenggenommen erst zur „Ikone" wird. Auf jeden Fall sorgt hier eine ganz schwache Vorzeichnung mit weichem Bleistift für eine passende Verteilung der Buchstaben.

Ikonen – Mit Bedeutung „aufladen"

Lohnt sich der zeitliche und materielle Aufwand?

Wir konnten die Erfahrung machen, dass die Zeit, die wir selbst und auch die Jugendlichen für Ikonen aufwenden, die späteren Bilder mit einer großen Bedeutung aufladen. Wir werden so, wie unzählige Ikonenmaler vor uns, zu Kopisten im guten Sinne. Der Motivkanon von Ikonen ist begrenzt und doch ist jede Ikone ein Unikat, ein „Wert-Stück", das durch ihren Herstellungsprozess und unsere Einsicht in ihre Botschaft für jede und jeden Einzelnen zum Schatz werden kann, zu einem ganz besonderen Arbeitsergebnis aus dem KU, das uns vielleicht noch lange Zeit auf dem Tisch oder an der Wand unseres Zimmers begleitet und zum Wahrnehmen und Annehmen des Zuspruchs des Evangeliums einlädt.

Ikonen geben biblischer Botschaft eine wahrnehmbare Gestalt. Indem wir selbst Zeit für ihre Herstellung verwenden, vertiefen wir unser Verständnis für ihre Botschaft und „verlinken" diese in Form der Ikone mit unserer Wirklichkeit.

„Ikonen", so schreibt es die Ökumenische Communauté de Taizé auf ihrer Internetseite, „tragen dazu bei, dass im Gebet die Schönheit einen Platz hat. Sie sind wie Fenster, die auf die Wirklichkeit des Reiches Gottes hin geöffnet sind und sie gegenwärtig machen, wo immer Menschen auf der Erde beten."
Ikonen – ein Hauch von Himmelreich in unserer Arbeit mit den Konfirmandinnen und Konfirmanden.

SO SEHE ICH DAS

KLERIKALE (BAU-)KUNST

Kirche, Kunst, Kultur – drei Worte, denen Jugendliche meist eher wenig Begeisterung entgegenbringen.

Dabei sitzen sie vermutlich einem Irrtum auf. Denn in Kirche begegnen wir einander, und die gewachsene und gewordene Kultur evangelischer Kirche trifft nicht auf ein kulturelles Vakuum, sondern auf ein ebenso komplexes, schnelllebiges und kompliziertes kulturelles Eigenleben der Jugend. Kunst findet sich dabei auf beiden Seiten, wobei wir den kirchenkulturellen Kunstgütern schnell das Kunst-Etikett anhängen, die Jugendlichen in ihrem Bereich aber oftmals ahnungslos sind, was das Erkennen von Kunstformen in ihrem eigenen Handeln betrifft.

Kunst ist Kommunikation und Kommunikation ist ein enorm gewinnbringender Prozess. Wir lernen – Konfirmanden wie Unterrichtende – in der Auseinandersetzung, im Abgleich unserer Sichtweisen, unserer inneren Bilder und Deutungen.

Für den Bereich der Musik gibt es mittlerweile einige gelungene Ansätze kultureller Begegnung von Jugendlichen und Kirche. Im bildnerischen Bereich verbleiben solche Ansätze häufig auf amateurhaftem Niveau, was erkennbar dazu führt, dass Jugendliche wenig Lust haben, selbst künstlerisch aktiv zu werden („Mal doch mal ein Bild dazu …!") und sich nur schwer motivieren lassen. Ein Grund dafür ist sicherlich die Tatsache, dass Kunst und Können nun doch etwas miteinander zu tun haben; eine echte Würdigung und Wertschätzung von Konfirmanden-Kunst eine gewisse Qualität voraussetzt. Die Jugendlichen möchten keine Ausstellung mit ihren Bildern, wenn sie denen selbst nichts abgewinnen können oder diese ihnen nicht altersgemäß erscheinen.

Kunstaktionen im Rahmen der KA sollten daher genau an diesem Punkt ansetzen und ihn gründlich bedenken: Wie lässt sich eine überraschende Qualität bei den angestrebten Kunstwerken erreichen, sodass sich zum

einen für die Jugendlichen ein hoher Aufforderungscharakter ergibt und zum anderen für die Gemeinde eine sinnvolle Nutzung / Verwendung / Ausstellung im Sinne von Wertschätzung und Austausch möglich wird?
Als Erstes kommt dabei der gottesdienstliche Raum in Betracht, dem Kunst als Kommunikationsform ganz besonders eigen ist.
Konfirmandinnen und Konfirmanden einzuladen, „Kirchen-Kunst" zu machen, halte ich dabei aus zwei Gründen für ungeheuer wichtig:

1.   Kunst machen heißt auch Kunst kennen lernen. Die Neu- oder Umgestaltung von Elementen im Kirchenraum lädt dazu ein, die bestehenden Kunstwerke vorher zu betrachten, zu begreifen, zu verstehen. Oft finden so die Jugendlichen in der Deutung zu neuen Einsichten bezüglich des christlichen Glaubens, denn Gestaltung war schon immer nicht nur Schmuck sondern vor allem auch Predigt. Und diese beim Wort zu nehmen, kann für die Jugendlichen eine spannende Erfahrung sein.
2.   Kunst machen heißt außerdem, mit seinen eigenen Deutungen und seinen inneren Bildern im gottesdienstlichen Raum präsent zu sein. Wenn Jugendliche Kirche gestalten (konkret und nicht im übertragenen Sinn), dann nehmen sie direkt, ganz ohne Ausschreibung und „kirchenvorstandlichen Diskussionsprozess", ihr gemeindliches Gestaltungsrecht in Anspruch. Ihre sakralen Kunstwerke sind in den Kirchen sicher nicht für die Ewigkeit aufgestellt, für heutige Jugendliche ist das jedoch sowieso kein Kriterium. Gemeinde tut daher gut daran, auch ihren Kirchenraum, ihr Kirchengebäude und seine Umgebung zur Gestaltung an exponierter Stelle freizugeben. Nur so tritt sie selbst ein in einen Kommunikationsprozess mit den Jugendlichen, lernt dazu, findet Neues und letztlich auch ihr „Eigenes".

Und dann ist es beinahe auch egal, ob es um Ikonen geht, die zeitlich befristet die Kirche schmücken, oder um Antependien, die als Materialcollagen auf Stoff entstehen. Die farbigen Bildfenster in unserer Kirche haben wir schon verhängt und mit Beleuchtung von hinten eigene Fenster aus farbigem Pergamentpapier auf durchscheinender Folie in die Fensterlaibung eingespannt. Ein Flügelaltar kann im KU entstehen und eine „Kirchenjahreszeit" bebildern oder mit seinen drei Feldern das Credo wiedergeben. Und warum nicht dem Aufruf „Macht keine kleinen Pläne" folgend über eine ganze Sommerkirche (Weidenkirche, Zeltkirche o.ä.) nachdenken, deren Gestalt und Gestaltung von den Konfirmandinnen und Konfirmanden der Gemeinde ganz wesentlich geprägt wird?![7]

Künstlerische Bausteine im KU helfen, zu bewundern, zu begreifen und zu gestalten, was christliche Botschaft ist. Kunstwerke sprechen an oder sprechen für sich, indem sie uns ihre Botschaft, ihre Sicht-Weise zumuten. Und dabei gelingt es immer wieder, dass Fragen in uns geweckt werden oder offene Frage eine ganz überraschende oder provozierende Antwort erfahren. Kunst fordert uns nicht nur beim Selbsterstellen, sie fordert uns auch, indem wir sie betrachten. Und oftmals fordert sie uns heraus, Sichtweisen abzulegen und zu überdenken, die oftmals nur Klischee oder kleinster gemeinsamer Nenner waren.

Wenn es uns gelingt, entsprechende Kunstformen und Handwerkstechniken zu finden, die es Jugendlichen mit eher mäßigem Geschick ermöglichen, Überraschendes zu schaffen, dann steht uns ein wunderbarer Kommunikationsprozess bevor, der christliche Botschaft und jugendliche Lebenssicht auf spannende Weise miteinander ins Gespräch bringt.

---

7 Viele Anregungen liefert dazu z.B. auch: Hahn, Klaus u.a.: KU-Praxis 50. KUnst wahrnehmen, erschließen, machen © Gütersloher Verlagshaus, Gütersloh 2006.

14 SPRACHFÄHIG WERDEN

FÜRBITTEN ÜBER DER TAGESZEITUNG

„Das ist doch total schlimm für die Leute, oder?"
Mit acht Jugendlichen sitzen wir kurz vor Beginn des KU im Foyer des Gemeindehauses und haben eine der vielen Gratiszeitungen auf dem Tisch. Die ersten, die gekommen waren, hatten sich die Wartezeit mit dem Durchblättern der ersten Seiten vertrieben und waren bei einem Bericht über ein komplett abgebranntes Mehrfamilienhaus im Nachbarstadtteil hängen geblieben. Zum Glück waren keine Verletzten oder Toten zu beklagen, aber es ist doch trotzdem „total schlimm für die Leute"! Oder?
Die Jugendlichen, die zu uns in den Konfus kommen, sind täglich unzähligen Reizen ausgesetzt und verlieren dabei trotzdem nicht die Fähigkeit, sich in andere Menschen und ihre Gefühle hineinzuversetzen. Sie sind ehrlich betroffen, wenn Leid oder Not für sie wahrnehmbar wird. Das betrifft vor allem Situationen in ihrem näheren Umfeld, aber auch solche, die durch Zeitung oder Fernsehen an sie herangetragen werden. Empathie ist kein „frommer Wunsch", ich erlebe sie als Realität unter den jungen Menschen in unseren Gemeinden. Empathisches Empfinden zur Sprache und vor Gott zu bringen – das kann Fürbitte sein.
In der Zeitung findet sich ein Abbild des „weltweiten Alltags". Es wird von Schicksalen, offenen Fragen, Grundsatzentscheidungen, kleinen Wundern und Glücksfällen, sportlichen Erfolgen und Misserfolgen und vielem mehr berichtet. Die Zeitung bringt uns das Leben, die Realität anderer nahe. Aber: Lassen wir uns das etwas angehen? Und: Glauben wir, dass sich alle Probleme einfach so, aus unserer menschlichen Kraft herauslösen lassen?

Darum geht's:

„Wie kann ich beten?" – dieser Frage durch eine mehrwöchige Phase im KU beispielhaft nachgehen, indem die Jugendlichen anhand von Artikeln aus der Tageszeitung eigene Fürbitten verfassen und in der Andacht im KU oder im Sonntagsgottesdienst einbringen.

So geht's:

Mit einem Stapel unterschiedlicher Zeitungen vom heutigen Tag treffen wir Unterrichtenden unsere Gruppe. Wir nehmen die oben beschriebene Situation als Einstieg und überlegen gemeinsam, wie es kommt, dass Menschen sich anrühren lassen vom Schicksal anderer. Betroffenheit fällt dabei als Vokabel, und sie hilft uns, schnell zu erkennen, dass Mitfühlen umso leichter gelingt, je näher uns die Situation oder die betroffenen Personen sind. Betroffenheit setzt da schnell ein, „wo uns etwas selbst betrifft".
Diese Setzung erscheint aber schon bald einigen der Jugendlichen zu eng: „Die Opfer des Orkans in Nordamerika tun mir doch auch leid und das obwohl ich keinen davon kenne und selber auch noch nie mein Haus und alles, was ich habe, bei einem Unwetter verloren habe!" Mitgefühl, so einigen wir uns schließlich, kann jeder Mensch empfinden und es kann sich auch bei völlig unbekannten Menschen oder Schicksalen einstellen. Je näher uns aber eine Sache ist, umso „automatischer" fühlen wir mit.

Mit diesem Gespräch im Rücken gehen wir in kleine Gruppen. Je eine Unterrichtende sitzt mit vier oder fünf Jugendlichen zusammen. Schnell ist der Raum erfüllt vom Zeitungsgeraschel und dem Gemurmel, wenn in den kleinen Kreisen ein Artikel oder eine Nachricht entdeckt und den anderen vorgelesen wird.
Anfangs war ich skeptisch, zu oft habe ich beim Arbeitsauftrag „Collage" erleben müssen, wie das Ziel der Aktion schnell in den Hintergrund trat, hatte eine solche Kleingruppe erst einmal einen Stapel Zeitschriften in ihren Händen. Statt auszuwählen, wurde ausgiebig gelesen und vorgelesen. Doch genau dieser Effekt von Printmedien in der Hand von Konfirmanden hilft uns jetzt . Auf einem kleinen Zettel notieren die Gruppen Geschehnisse, die sie wichtig finden, oder reißen gleich den entsprechenden Bericht aus.
Der Übergang aus dieser Arbeitsphase in die nächste entwickelt sich häufig

ganz selbstverständlich: Beim Vorlesen einer Situation entfährt jemandem ein „Glück gehabt!", eine andere meint, dass da jetzt mal dringend jemand gebraucht wird, der dieses oder jenes in die Wege leitet.

Wir machen diese Einwürfe und spontanen Kommentare im großen Kreis zum Thema. Schnell zeichnet sich auch eine gewisse Systematik ab: Mal ist Dankbarkeit angesagt, mal gibt es Wünsche. Und eben jene Wünsche sind dann oft der Ausgangspunkt, um aus der bisherigen „Tageszeitungs-Aktion" eine „Fürbitten-Aktion" zu machen. Da nämlich, wo menschliches Wünschen und Tun an seine Grenzen gerät, beginnt unser Fragen und Forschen nach Hilfe. Vor wen mag man dann noch das Notwendende bringen? Wer lässt sich ansprechen?

Gut, wenn wir in diese KU-Zeit nicht mit der Ankündigung gestartet sind, heute über Gebete zu sprechen und selber welche für den kommenden Gottesdienst zu schreiben! Jetzt nämlich sind wir sensibel für Situationen und Schicksale anderer Menschen. Jetzt regt sich in uns die Suche nach Ausweg oder Sinn. Und so kann Gebet jetzt auch eine schlüssige Form sein: Ich bringe vor Gott, was mich innerlich bewegt.

In den kleinen Gruppen machen wir uns ans Werk.

Es entstehen kurze Texte, in denen die Jugendlichen Gott erzählen, was da „Sache ist". Und immer wieder einmal schleicht sich in die bloße Erzählung fast automatisch ein Wunsch ein („Bitte Gott, sorge dafür, dass …"), manchmal ein Lob („denn dir ist doch kein Mensch egal, oder!?")

Beten lernen, das ist ein schweres Unterfangen – und Beten lehren erst recht! Sich miteinander im Gebet üben, von da ausgehen, wo uns Menschen oder Situationen anrühren, das allerdings ist ein schlüssiger Weg. Ein Weg, den auch und gerade Jugendliche gut (mit)gehen können.

Den Konfirmandinnen und Konfirmanden lässt es sich nahebringen, dass Gebet schon da erfolgt, wo ich in Herz oder Hirn fühle und formuliere, was ich Gott sagen will, erst recht dann, wenn ich es zu Papier bringe. Unterstützung kann ein eigenes Gebetsanliegen aber auch und vor allem durch eine Gemeinde erfahren, die es mitträgt. Die Idee, die verfassten Fürbitten oder Dankgebete in der kommenden Andacht oder im Gottesdienst zu sprechen, kommt manchmal aus der Gruppe selbst. Aber auch wir können dies als Idee oder Vorschlag einbringen.

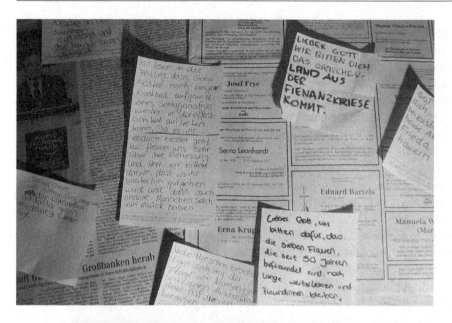

15 DAS ICH IN SCHALE WERFEN ...

SHOPPING MIT KONFIRMANDEN

Meine erste Konfirmation!

Die Predigt stellte die Taufszene aus Markus 1 in den Mittelpunkt. Der Dreiklang des Taufversprechens wurde zur Brücke zwischen Predigt und Konfirmationshandlung. „Du bist mein Kind! Dir gilt meine (bedingungslose) Liebe. Dich habe ich auserwählt, dich unterschieden von allen anderen. Deine Einmaligkeit ist mir wichtig!"

Und dann war sie dran, die erste Kleingruppe. Drei Jungs, die verschiedener nicht sein könnten. In Größe, Temperament, Sportlichkeit und dem Interesse an ihrem äußeren Aussehen hatten sie wenig gemeinsam. Und doch waren sie im Laufe der Zeit nahezu unzertrennlich geworden. So standen sie vor mir: Drei schwarze Hosen, drei grüne Jackets über weißem Hemd, drei schwarze Krawatten. Drei einmalige Jungs in drei Paar schwarzen Schuhen und in Kleidung, die nicht ansatzweise einen Bezug zu ihrer Person hatte, geschweige denn zu ihrer Unterschiedlichkeit.

Für mich ein Schlüsselerlebnis.

Seither ist die Klärung der Botschaft des Konfirmationsversprechens im Kreise der Eltern und im Unterricht mit den Jugendlichen für mich ein wichtiger Schritt auf dem Weg zur Konfirmation. Die Frage der Gestaltung des Festes wird so ein Stück dem Zugriff persönlicher Vorlieben und Traditionen entzogen und muss sich nun vor allem vor dem Hintergrund der Botschaft dieses Tages behaupten. Der Inhalt soll diesen Tag bestimmen – auch die äußere Gestaltung. So klären sich gestalterische Fragen bis hin zum Wunsch, eine zum Tag und seiner Botschaft passende Kleidung zu wählen. Das kann sogar zu einem witzigen und erkenntnisreichen Einkaufsbummel mit den Jugendlichen führen.

Darum geht's:

Ungewöhnlicher Einkaufsbummel mit Konfirmanden. Gemeinsam unterwegs auf der Suche nach individueller und festlicher Kleidung. Ein Versuch, dem Kern der Konfirmationsbotschaft ganz praktisch Gestalt zu verleihen.

So geht's:

Vorweg: Natürlich ist die Frage der Konfirmationskleidung längst kein Hauptunterrichtsthema mehr. Und es steht jedem Jugendlichen frei, zu tragen, was er möchte, restriktive Vorgaben der Gemeinden sind eher die Ausnahme. Aber diese „Freigabe" ist nicht automatisch eine angemessene Lösung. Sie verlagert die Zuständigkeit auf die Jugendlichen und ihre Familien – oft jedoch, ohne die Chance genutzt zu haben, diese (scheinbar) rein äußerliche Frage auf ihren inneren Wert hin zu befragen.

Es lohnt sich, Jugendlichen, denen Kleidung und äußere Erscheinung oft sehr wichtig sind, die Chance zu eröffnen, durch eine bewusste Wahl ihrer Konfirmationskleidung ein Stück der Botschaft des Tages mit Leben zu füllen.

Zwei wesentliche Schritte sind dafür nötig – und sollten rechtzeitig unternommen werden.

1. Der erste Elternabend

Hier tragen wir mögliche Bedeutungen der Konfirmation zusammen und gewichten diese. Dabei soll nichts verteufelt oder lächerlich gemacht werden. Es ist jedoch gut, sich über die Wurzeln und über die nachvollziehbaren Entwicklungen der Tradition klar zu werden. Wo wurde die Konfirmation zum Initiationsritual? Warum betonen manche Generationen in der Gestaltung dieses Festes bewusst den „Bekenntnis-Charakter"?

Für die Beteiligten klärt sich so (manchmal erstmals) das eigene Verständnis von Konfirmation. Manches Mal führt das auch zu einer Neubesinnung der Eltern auf die Tatsache, selbst konfirmiert zu sein. Mir ist dann wichtig deutlich zu machen, dass das Taufversprechen, das im Zuge der Konfirmation bekräftigt wird, im Kern ein einseitiges Versprechen Gottes ist, das weder unser Zutun, noch unsere „Würdigkeit" braucht. Weder zum Zeitpunkt der Taufe, noch zum Zeitpunkt der Konfirmation! Gut, wenn junge Menschen nach entsprechender Vorbereitungszeit noch einmal im Rahmen eines Gottesdienstes diese Zusage Gottes hören und annehmen wollen. Gut auch, dass sie mit ihrem Dasein (zunächst in der Kirche, aber auch in ihrem alltäglichen Leben) zum Ausdruck bringen, dass ihnen Gottes „Ja" wichtig ist und sie es als Zusage und Aufgabe annehmen wollen. Im Kern ist und bleibt die Liebeserklärung Gottes jedoch einseitig: „Du bist einmalig, unterschieden von allen anderen. Und auch wenn dir diese Tatsache manchmal Mühe beschert, es nicht leicht ist „man selbst" zu sein und so viel leichter wäre, einfach „so wie alle" zu sein – gerade deshalb wird laut wiederholt, wie wunderbar es ist, dass du so bist, wie du bist! Auch und gerade jetzt!"

Diesen gedanklichen Gang vollziehen wir etwa zeitgleich auch in der Arbeit mit den Jugendlichen. So sind alle in etwa auf dem gleichen Stand, wenn sich irgendwann Fragen nach der äußeren Form des Konfirmationstages in die gemeinsamen Gespräche schleichen.

2. Das gemeinsame „Shopping"

Nun kommt zum Werben (mehr darf es nicht sein!) um angemessene, individuelle Kleidung die praktische Aktion dazu.

Im Unterrichtsgespräch lässt sich ein Einstieg über den „Kleider machen Leute"-Gedanken finden. Oder wir beschäftigen uns mit Kleidungsstilen, versuchen gemeinsam anhand von Fotos Rückschlüsse auf die Person zu ziehen, immer gepaart mit der Erkenntnis, dass wir hier Klischees wiedergeben, die einem Menschen in seiner Einzigartigkeit nicht gerecht werden. Aber: Oft wird in solchen Einstiegsrunden schnell deutlich, dass wir Menschen Kleidung bewusst wählen und damit auch Botschaften über uns selbst transportieren wollen.

Welche Botschaft aber soll an deinem Konfirmationstag transportiert werden? Dass du schon erwachsen bist? Vielleicht war dies noch zu Zeiten tragfähig und richtig, als die Jugend als ausgedehnte Lebensphase nicht existent war, mit dem Ende der Volksschule das Lehrlingsleben begann. Doch wie viel erwachsener bist du denn am Tag nach deiner Konfirmation tatsächlich geworden? Wie viel mehr Eigenständigkeit und Eigenverantwortung erwächst aus der Tatsache, dass du jetzt konfirmiert bist?

So wichtig uns Stationen und Schwellen im inneren Erleben auch sind – dem Konfirmationstag lässt sich Wertvolleres abgewinnen!

So kann die Kleiderfrage zum wichtigen Unterrichtsbaustein, zur gemeinsamen KU-Aktion mit Mehrwert werden. Oft ist es für die Mädchen gar nicht so schwer, sich altersgemäß und doch festlich zu kleiden. Die Auswahl ist größer und sie sind geübter darin, einander zu beraten und zur eigenen Persönlichkeit passende Kleidung auszuwählen. „Shopping mit Konfirmanden" – das hat für mich meist mit den Jungs der Gruppen stattgefunden.

Mit einigen Ehrenamtlichen, die vom Alter her deutlich näher an den Konfirmanden sind, treffen wir uns mit den Jugendlichen, die dabei sein möchten. Ein bisschen komisch kommen sich alle schon vor. Manche berichten von klaren Wünschen ihrer Eltern, andere „sind nur da, um mal mitzufahren", kaufen wollen und sollen sie nicht. Aber: Um das Kaufen geht es auch uns nicht. Das Spannende und Überraschende ist eher die langsam wachsende Lust, die ganze, skurrile Aktion als Chance zu nutzen.

In der Innenstadt angekommen teilen wir uns in kleine Teams. Und los geht's! Ab dann ist die Vorgehensweise offen. Manchmal steuern die Konfirmanden einvernehmlich ein Geschäft an, andere Gruppen sind völlig unsicher, wie denn jetzt diese ungewöhnliche KU-Aktion ablaufen soll. Letztlich spielt das aber keine Rolle, denn schon nach einer halben Stunde sind wir im „Kaufrausch". Hat der Erste erst einmal mutig drei Teile mit in eine Umkleide genommen und sich (noch etwas unsicher) von den anderen (und manchmal auch irritierten weiteren Kunden oder Verkäuferinnen) begutachten lassen, fängt die Aktion an, richtig Spaß zu machen. Mal in ganz schrille Outfits schlüpfen, mal etwas wagen, zwischendurch die schlichte Variante prüfen – egal. Denn außer Spaß schleichen sich so, ganz unbemerkt, tolle Statements, Rückmeldungen und Vergewisserungen ein: „Man, das steht dir!", „Nee, du bist doch sonst auch nicht so blass", „So erkenne ich dich gar nicht wieder!", „Ach Quatsch, das bist doch nicht du!" Rückfrage: „Wie, was bin ich denn deiner Meinung nach ...?" „Na ja, eben eher ..." – und so fort.

Ist das nun „Shopping"? Vielleicht doch eher ein gangbarer Weg, mit den Jugendlichen über ihre Identität im Gespräch zu sein! Über das, was sie sein wollen, über das, was sie zu sein scheinen, und eben auch über das, was andere wohlwollend in ihnen sehen.

Eingekauft wird bei dieser Aktion selten etwas. Häufig lassen wir Dinge zurückhängen, schicken Handyfotos an die Familie oder nehmen zwei Dinge zur Ansicht mit. Bevor es so weit kommt, sind aber oft schon drei, vier oder mehr Stunden ins Land gegangen. Jedes Mal bin ich selbst überrascht, wie viel Spaß auch ich (als notorischer Einkaufsmuffel) bei diesen Aktionen habe und wie viel ich auf diese Weise neu über „meine Konfirmanden" lerne und verstehe. Und ab und an finden die Jugendlichen dann auch für mich etwas, machen (mutige oder auch provokante) Vorschläge und ich bekomme selbst Rückmeldung, wie ich gesehen werde.

Ergibt sich die Gelegenheit, dann treffen wir uns zwischendurch mit den anderen Teams, tauschen Erfahrungen aus, geben Tipps oder essen einfach nur eine Kleinigkeit.

Am Ende des Tages geht es zurück nach Hause. Manche mit Einkaufstaschen, viele randvoll mit Eindrücken und der kommenden Aufgabe auszuwählen, zu Hause zu erklären, zu entscheiden. Manch einer auch nur mit dem bestätigten Entschluss, doch im Anzug zu gehen (aber wenigstens über die Schuhe noch einmal nachzudenken).

Und dann?

Dann muss Schluss sein mit dem Werben!

Denn so nachdrücklich, wie ich in den Monaten vor der Konfirmation darum werbe, nach der festlichen Form des eigenen Stils zu fahnden und sich die Kleiderfrage nicht allzu leicht zu machen, so unauffindbar ist dieses Thema am Tag der Konfirmation. Wenn sie morgens zur Kirche kommen, dann ist es unsere Aufgabe als Unterrichtende, voll des Lobes zu sein für jede und jeden, wie auch immer sie oder er gekleidet sein mag. „Gut, dass du da bist!"

Und doch: Jahr für Jahr werden sie „bunter", die Gruppenfotos unserer Konfirmandinnen und Konfirmanden.

16 NUR LIEBESBRIEFE SCHREIBT MAN NOCH MIT DER HAND ...!

BRIEFWECHSEL ZU KONFIRMATIONSSPRÜCHEN

„Mit der Hand?!"
Beinahe empört reagiert eine junge Ehrenamtliche auf meinen Vorschlag, wie wir in diesem Jahr das bislang übliche Verfahren der Vergabe und Besprechung von Konfirmationssprüchen weiterentwickeln könnten. Einen Briefwechsel habe ich vorgeschlagen: Konfirmandinnen und Konfirmanden beraten „auf dem Postweg" mit allen Unterrichtenden ihren Konfirmationsspruch. Doch nicht der Postweg allein sorgt für Verwunderung, vor allem die Bitte, diese Briefe ausnahmslos per Hand zu schreiben.
Wann habe ich eigentlich das letzte Mal einen Brief mit der Hand geschrieben? Diese Frage durchzuckt für einen Moment nicht nur die Gedanken der jungen Ehrenamtlichen.

Darum geht's:
Die Konfirmationssprüche als Zusagen mit besonderem Wert entdecken und ihre persönliche Komponente in den Blick nehmen. In einem strukturierten Briefwechsel bekommen so Auswahl, Vorstellung, Entscheidung und Auslegung eine besondere Bedeutung und werden durch das briefliche Zwiegespräch vertieft.

So geht's:
Warum dies aufwändige Verfahren noch mühsamer und zeitraubender gestalten und mit der Hand schreiben? Weil es die Wertschätzung von Bibelwort und Jugendlichem auf stille, aber intensive Weise deutlich machen kann!

Im Rahmen des KU-Jahrgangs, der die Konfus-WG (vgl. Kapitel 3) bewohnte, kam uns diese Idee. Wer irgendwo wohnt, hat auch einen Briefkasten. Briefe bieten die Gelegenheit, lange an Gedanken und Antworten
zu feilen, bevor wir sie mit anderen teilen. Und auch deren Antwort kann
wieder in Ruhe überlegt werden, wird also nicht, wie im Vieraugenge-
spräch, direkt mit Gestik und Mimik kommentiert. Die WG-Jugendlichen
wohnten zu dieser Zeit nicht mehr im angemieteten KU-Haus. 11 Wochen
vor Ort lagen bereits hinter ihnen. Jetzt waren sie in ihren Elternhäusern
und würden erst kurz vor der Konfirmation noch einmal für einen dreitägigen Block in das beinahe leere Haus zurückkehren.
Trotzdem sollte die „Meierhofstr. 1" für sie Bezugspunkt in Sachen Konfirmation bleiben. Der Briefwechsel in der „Nicht-Wohnphase" bildete so
eine Brücke von der Wohnzeit zur Konfirmation.

Die Schritte der Aktion
Wir nahmen Wünsche der Konfirmandinnen und Konfirmanden entgegen,
mit welchen Menschen aus dem großen Team sie sich einen solchen Briefwechsel vorstellen oder wünschen würden. Außerdem baten wir sie, beim
Auszug auf einem kleinen Zettel zu notieren, was sie sich von einem Konfirmationsspruch wünschen würden, was er für sie bedeuten könnte oder
welche Botschaft aus der Bibel er transportieren könnte. Diese kleinen
Zettel warfen die Jugendlichen in den Briefkasten des WG-Hauses. Damit
war der Briefwechsel eröffnet. Nun folgten in recht zügiger Abfolge vier
Briefe, wobei die Briefe der Unterrichtenden immer auch die Wünsche an
die Jugendlichen transportierten, was ihre Antwortbriefe mit beinhalten
sollten. So war eine gewisse inhaltliche Struktur vorgegeben und auch ein
Vorwärtskommen im Klärungsprozess.

Im Kern enthielten die Briefe Folgendes:

Der erste Brief an die Konfirmandin / den Konfirmanden
Eine kurze Erläuterung, wie wir die/den Betreffenden in der KU-Zeit erlebt
haben
Vorschlag des im Team beratenen Konfirmationsspruches (ohne großartige
Deutung).

Info, wo der Spruch in der Bibel zu finden ist und die Bitte, ihn ruhig einmal im Zusammenhang zu lesen.

Die Bitte, uns zu schreiben, wie er/sie diesen Spruch versteht, was er der eigenen Meinung nach aussagt und ob er für passend gehalten wird.

Ausdrücklich auch die Bitte, Fragen zu stellen, Unklarheiten oder Widerstände zu benennen.

Der erste Brief von der Konfirmandin / dem Konfirmanden

Antwort auf die Frage, wie er/sie den Spruch versteht.

Hält er/sie ihn für passend? Was fehlt? Was „liegt quer"?

Gibt es weitere Fragen? Oder konkretere Wünsche an den Spruch, falls die erste Wahl noch nicht gefällt?

Nicht nachgefragt, aber oft formuliert: Reaktionen auf die Rückmeldungen unter dem Motto „Wie wir dich erlebt haben".

Der zweite Brief an die Konfirmandin / den Konfirmanden

Eine ausführlichere Erklärung, wie der/die Unterrichtende den Spruch versteht und was er aussagt.

Bezugnahme auf den Eindruck / die Wünsche für den Jugendlichen („Was würden wir dir damit gerne mit auf den Weg geben").

Falls nötig: Klärung der Fragen, die im ersten Antwortbrief gestellt wurden.

Aufforderung, sich noch einmal mit dem dann festgelegten Spruch auseinanderzusetzen. Dazu wünschen wir uns im zweiten Antwortbrief folgende Dinge:

A: Drei Worte, die selber nicht im Spruch vorkommen, inhaltlich aber dazu passen.

B: Eine kurze Zusammenfassung des Spruchs mit eigenen Worten („Wie würdest du diesen Spruch deinen Freundinnen/Freunden erklären?").

C: Ein Symbol, das möglicherweise gut zu diesem Spruch passt.

Der zweite Brief von der Konfirmandin / dem Konfirmanden

Das letztendliche O.K. – ja, dieser Spruch soll es sein!

Die eigene Zusammenfassung, die drei Worte und das Symbol.

Erfahrungen

Sicher, die zurückliegende intensive Wohnerfahrung machte dieses Verfahren auf besondere Weise möglich (vielleicht sogar nötig). Es ist aber auch gut vorstellbar, so vorzugehen, wenn man eine überschaubare Anzahl Jugendlicher auf andere Weise unterrichtet und begleitet hat. Dies Verfahren steht und fällt mit der Qualität der Beziehung, die in den vergangenen Monaten reifen konnte. Kennen wir einander so gut, dass eine Bezugnahme auf Persönlichkeit möglich und stimmig ist? Konnte ein Klima der Wertschätzung aufgebaut werden? Hilfreich ist dabei ein gutes Team, ein „Mehr" an Beziehungspartnern im Kontext der Konfirmandenarbeit.
Nur wenn diese Rahmenbedingungen stimmen, sollte ein solcher Weg eingeschlagen werden.

Unsere Erfahrung ist es, dass sowohl bei den Jugendlichen als auch bei ihren Familien ankommt, dass ein grundsätzliches Angenommen-Sein, ein Bejaht-Sein nicht nur aus diesen Briefen und der Wahl der Sprüche spricht, sondern eben auch Kern der Konfirmationsbotschaft ist. So scheint auch ein wenig vom Licht der großen „Liebeserklärung Gottes" in der Taufzusage bis hinein in die Worte, die den Jugendlichen zugesagt, geschenkt werden.
Denn: „Nur Liebesbriefe schreibt man doch heute noch mit der Hand", wie einer der Ehrenamtlichen im Zuge dieser Aktion einmal bemerkte.

SO SEHE ICH DAS

KONFIRMATIONSSPRÜCHE WERTSCHÄTZEN

Es gibt sicherlich sehr unterschiedliche Wege, am Tag der Konfirmation einen Konfirmationsspruch zugesagt zu bekommen. Vieles habe ich in unterschiedlichen Gemeinden (und Zeiten) schon erlebt: Meinen eigenen Konfirmationsspruch hörte ich zuerst am Morgen der Konfirmation. Er wurde mir nicht erklärt – vor allem nicht, wie es zu dieser Auswahl kam. Mancherorts folgten die Sprüche einer Systematik (z.B. aufeinanderfolgende Verse aus Psalm 23 oder den Seligpreisungen). Auch die Losung des Konfirmationsgottesdienstes, die dann alle als gemeinsamen Konfirmationsspruch bekommen, ist eine Variante. Vielerorts lässt man allerdings die Jugendlichen selbst wählen (aus einer Auswahlliste zum Beispiel). Möglich ist dann auch, dass mehrere Jugendliche denselben Spruch haben, ja, manchmal bewusst den Vers wählen, den auch Freundin oder Freund ausgesucht haben. Alle Wege haben sicher ihre Berechtigung.

Seit einigen Jahren habe ich mir allerdings vorgenommen, die Spruchauswahl mit einer gewissen Bedeutung aufzuladen, sie besonders wertzuschätzen und zu einem ganz eigenen Kapitel im Konfirmationsjahr zu machen. Der Spruch kann zum sehr persönlichen Teil des Konfirmationssegens werden. Er kann ernst machen mit der Bekräftigung des Taufversprechens, angenommen, geliebt und (eben auch) unterschieden zu sein von allen anderen. Beim Namen gerufen – nicht nur in der Taufe, sondern diese Tatsache noch einmal erinnert und wiederholt in der Konfirmation. Darum steht für mich nicht das „Ja" des jungen Menschen zum vor Zeiten vollzogenen Taufakt im Vordergrund, sondern noch einmal das „Ja" Gottes zum jungen Menschen in seinem So-Sein. Konfirmation ist Zusage, Konfirmationsspruch kann Geschenk sein! Deshalb muss es von außen kommen. Und weil es schwer ist, sich selbst ein tröstendes Wort zu sagen, ist es ebenso schwer, sich selbst ein Wort der Orientierung, des Zuspruchs, der Rückmeldung zu wählen.

Im Team beginnen wir daher etwa in der Mitte der KU-Zeit damit, uns über die einzelnen Jugendlichen unserer Gruppe auszutauschen. Wir sammeln Eindrücke und versuchen wohlwollende Tipps, Wünsche, Ratschläge zu sammeln. Was würden wir diesem Konfirmanden / dieser Konfirmandin gerne am Tag der Konfirmation mit auf den Weg geben? Was könnte eine wertvolle Einsicht, eine wichtige Botschaft für sie oder ihn sein?

Nach und nach bildet sich bei solchen Beratungen ein Thema, eine Richtung heraus, zu der wir dann im Team nach einem biblischen Vers Ausschau halten. Manchmal direkt mit der Lutherbibel und den markierten Kernstellen in der Hand, gelegentlich auch auf der Basis langer Listen, die in den zurückliegenden Jahren immer weiter fortgeschrieben wurden. Letztendlich einigen wir uns auf einen Spruch. Im Rahmen einer Abschlussfreizeit oder eines KU-Blocks in den letzten Wochen vor der Konfirmation wird dieser dann von zwei oder auch drei Menschen aus dem Team dem entsprechenden Jugendlichen vorgestellt. Wir geben behutsam unsere Eindrücke aus den zurückliegenden Monaten wieder. Machen auf Schätze und persönliche Talente aufmerksam, die uns ins Auge gefallen sind. Werben um das Beibehalten solcher Eigenschaften und geben Anregung zur Weiterentwicklung. All das immer sehr deutlich versehen mit dem Hinweis, dass auch wir ja nur einen Ausschnitt des Jugendlichen kennenlernen durften und mit unserer eigenen Begrenztheit auch nicht zwangsläufig richtig deuten konnten. In diesem Gespräch geht es vor allem um eins: deutlich zu machen, dass wir uns bemüht haben, das Einzigartige dieses Menschen zu sehen, ihn wertzuschätzen, mit allem, was zu ihm gehört. Ebenso verfahren wir mit dem Spruch. Wir geben den gedanklichen Weg wieder, der uns zu dieser Auswahl geführt hat, erklären, in welchem biblischen Kontext er wem gesagt wurde. Überlegen gemeinsam, was es heißen könnte, sich mit diesem Vers auf den Weg in die entscheidenden nächsten Jahre des Erwachsenwerdens zu begeben.

Und dann lassen wir den Konfirmanden, die Konfirmandin entscheiden: Ist das der Spruch, den wir dir zusagen dürfen? Kannst du ihn liebgewinnen, dich an ihm aber auch ein Stück „abarbeiten"? Häufig hören wir dann ein „Ja", oft verbunden mit einem Gesichtsausdruck oder gar einem Statement, das Dankbarkeit deutlich macht – Dankbarkeit dafür, dass sich Menschen Mühe gegeben haben. Und wenn das Bibelwort nicht zu passen scheint? Wenn es zu sperrig, vielleicht auch zu direkt daherkommt? Wenn wir uns womöglich in die falsche Richtung begeben und verrannt haben? Dann

ermutigen wir von vornherein zum Widerspruch. Und begeben uns miteinander auf die Suche nach einem anderen, einem passenderen Spruch, der
dann trotz allem durch die Mühe, die in seiner Wahl steckt, ein Geschenk
sein kann.

EPILOG

„Schreib bloß kein Nachwort oder so was! Wer liest denn schon so ein Buch von vorne bis hinten durch?"

Vermutlich richtig – aber wo bleibt dann die Sache mit dem Ei?

Schön und gut, sich einmal selbst ein paar Steine in den Weg rollen, um der eigenen Kreativität auf die Sprünge zu helfen. Doch auch das Experiment mit dem Ei ist ja nur auf Tagesfrist angelegt und taugt nicht zum Dauerzustand, oder?
Warum dann die ganze Arbeit immer wieder in Frage stellen und nicht das, was man an Bausteinen für sich gerade neu entdeckt hat, zur neuen Üblichkeit erklären?
Weil es aus meiner Sicht nicht um den Austausch älterer Methoden und Arbeitsblätter durch „frischere" geht, sondern um eine veränderte Haltung der Konfirmandenarbeit gegenüber.

Und vielleicht hat es dieses Buch ja bis hierhin vermocht, Lust daran zu wecken, es sich Jahr für Jahr immer wieder „ein bisschen schwer zu machen". Man kann sich an Handicaps gewöhnen, kann die Abwechslung und den Neuanfang zur Routine werden lassen und so sich selbst und anderen immer wieder neue Höhepunkte und Erfahrungen ermöglichen.

Dieter Niermann

Wenn Sie Kontakt mit dem Autor aufnehmen möchten, können Sie dies gern tun unter: nierman@lesum.de

ANHANG:

GESTALTUNGSVORSCHLÄGE FÜR KONFIRMANDENGOTTESDIENSTE

PASSEND ZU KAPITEL 1

„CLUB DER TOTEN DICHTER"

Vorschlag für eine Begrüßung
Liebe Konfirmandinnen und Konfirmanden,
liebe Eltern, Freunde, Verwandte,
liebe Gemeinde!

Gestern konnte man es in der Zeitung entdecken: Ein letztes Zeichen vom Club der toten Dichter.
(Anzeige vorlesen)
Nach den vielen Geschichten im Club der toten Dichter nun die „unendliche" Geschichte zum Schluss.
Nach dem Anfang mit Janusz Korczak, dem polnisch-jüdischen Pädagogen und Dichter nun das Ende mit ENDE.
Ein langer Weg liegt hinter uns. Ein Spannungsbogen aus Büchern und Begegnungen, aus Gedanken und Aktionen.

Vom ersten Treffen im halbrunden Raum vorne in der Halle vom Gemeindehaus, gemauert nur aus Büchern, über den eisigen Abend auf dem Goldbergplatz, an dem uns Janusz Korczaks Gottesbild und unsere eigenen Vorstellungen von Gott beschäftigten, bis hin zu den Abenden mit Texten von Herbert Grönemeyer, Daniel Defoe, Marie-Luise Kaschnitz, Jostein Gaarder oder Barbara Robinson.

Gemeinsame Gespräche und Aktionen, in der Kleiderkammer unter Män-
teln und Jacken für Bedürftige, in der Stadtbibliothek bei der Übernach-
tungen zum Thema Tod und Sterben, auf dem Schiff, dem Flughafen, in
Friedehorst oder am Blindengarten. Nicht zu vergessen der vorweihnacht-
liche Abend inmitten von mehreren hundert Kühen im Stall.
Geschichte und Geschichten, Menschen und Orte prägten in ihrer Vielfalt
unsere gemeinsame Zeit.
Natürlich haben wir auch den „Club der toten Dichter" – nein, nicht gelesen, aber im Film kennengelernt und uns dazu unsere ganz eigenen Gedanken gemacht.

Heute nun, sind wir hier. Seid *ihr* hier, um noch einmal Gottes Taufversprechen, Gottes Liebeserklärung an euch zu hören. Denn nichts anderes ist die
Konfirmation ja: Bekräftigung, Bestärkung, Wiederholung der großen Zusage Gottes, in der ihr längst lebt und die euch schon einmal bei der Taufe
zugesprochen wurde.

Und so lasst uns nun gemeinsam Gottesdienst feiern, auf Gottes Wort hören, ihm zum Lobe und uns zur Freude lauthals singen und um Gottes Segen bitten, für euch und uns, für Zeit und Ewigkeit!
Diesen Gottesdienst feiern wir in seinem Namen. Im Namen des Vaters, der
Anfang und Begleiter unseres Lebens ist und uns durch Eltern und Großeltern hindurch in dieses Leben sandte. Im Namen Jesu Christi, der uns zu seinen Brüdern und Schwestern und damit zu Kindern Gottes macht. Und im
Namen des Heiligen Geistes, der uns berührt, bewegt und segnet. AMEN

Vorschlag für ein Eingangsgebet

Janusz Korczak, polnisch-jüdischer Pädagoge, lädt uns ein, Gott ganz neu,
ganz nah an unserer Seite zu wissen. Wir sind eingeladen zu Gott zu beten
und unser Eingangsgebet mit Worten Janusz Korczaks zu beschließen.
Lasst uns still werden zum Gebet.

Gott, Freundin und Freund an unserer Seite.
Heute Morgen siehst du uns hier zur Konfirmation.
Aufgeregt und gespannt, ein wenig fremd und doch irgendwie auch zu

Hause. Umgeben von Menschen, die uns wohlwollen, beschenkt von dir, der unser Leben wollte.

Mach uns offen für deine Liebe und dein Wort.

Nimm uns an der Hand und leite uns durch diesen Tag und alle Tage unseres Lebens!

Und wir werden einen Bund eingehen: du und ich, und wir werden ihnen unser Lachen in die Augen spritzen, wir werden uns an den Händen fassen und laufen, so schnell wir können. Sie werden uns empört zurufen, dass sich das nicht gehört. Dann werden wir für einen Augenblick stehenbleiben, werden uns noch einmal umdrehen, ihnen die Zunge hinausstrecken: ich und du. (...)

Und ganze Hände voll Schnee werden wir essen.

Geliebter, geliebtester Gott, du kannst dir das doch gestatten, einmal, nur ein einziges Mal. Amen.

Vorschlag für eine Lesung: Lukas 24,1-35

Eine mögliche Predigt:

Liebe Konfirmandinnen und Konfirmanden, liebe Gemeinde!

Mit einem Einmarsch, in etwa so wie gerade zu Beginn des Gottesdienstes auch für euch, mit dem Einzug unter Musik beginnt der Spielfilm „Club der toten Dichter", der unserem Projekt den Titel gab.

Das Licht des Wissens wird vorangetragen, dann folgen vier Bannerträger. Auf ihren alten, feingestickten Fahnen stehen die vier Prinzipien, denen man sich verpflichtet weiß: Leistung, Ehre, Tradition, Disziplin!

Ort dieser Handlung: Ein Eliteinternat in den USA, das Jungen auf eine Karriere in Wirtschaft, Politik oder Gesellschaft vorbereitet.

Bei einem der ersten Treffen in „unserem Club", ziemlich genau vor einem Jahr, lernten wir anhand dieses Films eine kleine Gruppe der Schüler kennen, verfolgten die ersten Wochen eines neu beginnenden Schuljahres in Welton (so der Name dieses Internats).

Bei der Schuljahreseröffnung durch den Rektor werden die Prinzipien der Schule einmal mehr beschworen. Tradition, Leistung, Ehre, Disziplin.

Hier herrscht Ordnung! Schuluniform und Sprechen im Chor. Aufstehen und Hinsetzen auf Kommando. Einheitlicher Haarschnitt und Eltern im Hintergrund mit einem einheitlichen Vorsatz: „Mein Junge soll es einmal besser haben als ich. Mein Kind soll Karriere machen!"

Zu Beginn des Schuljahres begegnen die Jungs auch ihrem neuen Englischlehrer, der, wie bei uns entsprechend im Deutschunterricht, mit der Klasse über Form und Sinn von Lyrik, von Gedichten nachdenkt. Mit Mr. Keating und der Klasse treffen zwei Welten aufeinander:

Auf der einen Seite Jugendliche, die es gelernt haben, um des späteren Erfolgs willen eigene Interesse, eigene Meinungen zurückzustellen. Und auf der anderen Seite Mr. Keating, der sie in ihrer Sicherheit, auf dem rechten Weg zu sein, ständig hinterfragt. Verschmitzt lächelnd, mal nachdenklich, mal witzig, sprühend vor Lebenslust.

Ausschnitte aus den ersten Schultagen:

„Schauen Sie sich diese Fotos der ehemaligen Schüler hier in der Vitrine genau an. Sehen Sie, wie die gleiche Entschlossenheit in ihren Augen leuchtet, wie bei Ihnen. Und bedenken Sie jetzt: Diese Jungen dienen heute den Narzissen als Dünger. Also Jungs, nutzt den Tag, Carpe Diem!"

„Wagen Sie, eine andere Perspektive einzunehmen, überlegen Sie, was Sie selbst meinen." Keating steigt aufs Pult, um zu verdeutlichen, wie wichtig es ist, immer wieder einen ungewohnten, überraschenden Blick auf die Wirklichkeit zu wagen. Und die Jungs ermuntert er, es ihm gleichzutun.

„Reißen Sie die Einleitung über das Verständnis der Lyrik aus Ihren Gedichtssammlungen, werfen Sie sie in den Papierkorb und beginnen Sie fortan, wieder selbst zu denken! Nur Mut, Jungs. Dies ist ein Krieg. Bedenken Sie: Sie könnten Herz und Seele dabei verlieren."

„Herz und Seele" – das ist in unserer Sprache eine Kurzform für die ganze Persönlichkeit, für alles, was uns ausmacht. „Herz und Seele" – das ist der Zusammenhang von unserem Allerinnersten und unserer Liebesfähigkeit, unserer Fähigkeit, nach außen zu gehen.

Herz und Seele stehen auf dem Spiel, wenn das Denken kanalisiert wird. Wenn aus dem Einzelnen die Masse gemacht wird. Wenn gemessen, gewogen, geprüft und für gut oder schlecht befunden wird.

Und Keating beginnt etwas Neues: Er lernt seine Schüler kennen. Er spricht zunehmend persönlicher zu ihnen. Er ermuntert sie, ihre Meinung zu sagen. Er hilft ihnen, sich selbst Fragen zu stellen, statt auf seine Antworten zu hören. Er fordert sie nicht einfach, er fordert sie heraus! Doch jeden nach seinem Vermögen. Keating wird für diese Jungen zum Begleiter und Motor eines abenteuerlichen Wegs zu sich selbst.

Sie könnten Herz und Seele dabei verlieren – diese Angst drängt den Lehrer, seinen Schülern Mut zu machen, ihre eigenen Wünsche, Sehnsüchte, Ideale zu entdecken und zu formulieren. Herz und Seele sollen sie gewinnen, wiederentdecken und stärken.

Herz und Seele gewinnen, ein unverwechselbarer Mensch werden.

Mensch – das ist, auch wenn man lange darüber nachgrübelt, das einzige Wort der deutschen Sprache, auf das kein zweites sich reimt!

Ob das ein Zufall ist?

„Nutzt den Tag, Jungs!", sagt Keating. „Macht aus euch was in euch, und nur in euch steckt!"

Angespornt von diesen Ermutigungen beleben die Schüler eine alte Tradition neu. Sie treffen sich nachts im „Club der toten Dichter". Lesen sich gegenseitig Gedichte vor, schlagen auch mal über die Stränge, streiten, diskutieren, wagen immer mehr. Worte und Gedanken anderer, einzigartiger Menschen, längst verstorbener Autoren werden zu ihrer neuen Wirklichkeit.

Und Keatings Unterricht hat Folgen. Anarchie rufen da die einen. Widerstand wird sichtbar. Von Freidenkern spricht Keating, und erntet Gelächter im Kollegenkreis: Freidenker in diesem Alter?! Das sei nicht nur naiv, sondern auch gefährlich und unverantwortlich. „Setzen Sie doch diesen jungen Menschen keine Flausen in den Kopf!"

Und der Film zeigt uns die ersten Folgen:

Das sind die kleinen Siege im Alltag. Die Jungen wachsen in ganz alltäglichen Situationen über sich hinaus. Oder besser: stehen mehr zu dem, was sie denken und fühlen. Wachsen quasi „in sich hinein".

Da traut sich einer endlich, eine schier unmögliche Liebe auszusprechen und ihr nachzugehen. Verlässt den Schulhof, um zu ihr zu kommen. Lässt

sich nicht abwimmeln und bricht auch nicht zusammen, als er ihr seine Liebe gesteht und einen Korb erntet. „Na, wie war's?", fragen die anderen zu Hause. Und er spricht fröhlich aus, was einzig und allein zählt: „Ich hab's getan! Ich hab's ihr gesagt."
Kleine Siege im Alltag, da gibt es viele:

- Der Mut, zu seiner Schwäche zu stehen.
- Die Bereitschaft der anderen, diese Schwäche zu respektieren.
- Das Glück, eine verschüttete Begabung bei sich zu entdecken und ihr nachzugehen.
- Der mühsame Prozess, aus dem Schatten seiner Eltern oder seines älteren und erfolgreichen Bruders herauszutreten und sich selbst als wertvoll und einmalig zu begreifen.

Kleine Siege im Alltag. Schritte dazu, Herz und Seele neu zu gewinnen, als einmaliger Mensch zu leben!

Und wie enden Buch und Film? – Möchte man verständlicherweise wissen. Kein Happy End im eigentlichen Sinne erwartet uns!
Da entdeckt der Schüler Neill seine Begeisterung und Begabung für die Schauspielerei und tritt gegen den erklärten Willen seines Vaters in einem Theaterstück auf. Der Vater als harter Rationalist hat kein Verständnis und reagiert auf diese Gehorsamsverweigerung mit einer massiven Strafe. Neill soll die Schule wechseln. Der Vater tut es zu seinem Besten …!
Hier bekommt der Film die erste entscheidende Wendung:
Neill sieht sich ohne Zukunft. „Ich sitz' in der Falle." sagt er am offenstehenden Fenster im Elternhaus zu sich selbst.
In dieser Nacht nimmt er sich das Leben.

In Welton schlägt die Nachricht wie eine Bombe ein und der Rektor kündigt eine genaue Untersuchung an. Mr. Keating soll zur Rechenschaft gezogen werden. Er habe mit seiner Lehrmethode Neill in den Freitod getrieben.
Und jetzt, unter dem massiven Druck des Rektors, der einzeln und in Anwesenheit der jeweiligen Eltern die entsprechenden Jungen vernimmt, bekommt der Film Wendung Nummer 2.

Die Jungen schaffen es nicht die Wahrheit zu sagen.

Der drohende Schulverweis knickt ihnen das Rückgrat und aus aufrechten Verfechtern der Wahrheit werden Verzweifelte, die keinen anderen Ausweg sehen. Alle unterschreiben eine Erklärung, wonach Mr. Keating Neill stetig ermuntert habe, gegen des Vaters Willen anzugehen, und ihn so in diese Verzweiflungstat getrieben habe.

Aus Großmut wird Kleinglaube. Die Jungen fühlen sich als Versager, als Feiglinge, die einen lieben Menschen ans Messer lieferten.

Wie konnte das passieren?

Welton und die Welt, in der diese Jugendlichen groß werden, ist, so denke ich, noch nicht reif für ein Leben in der Freiheit und Wahrheit. Weil eben nicht überall gilt, was bei Keating gilt, was die Jugendlichen schätzen lernten und was wohl auch viele der Erwachsenen sich erhoffen, eben darum saß Neill in der Falle. Und mit ihm seine Mitschüler. Sie aber wählten nicht den Tod (Gott sei Dank), sondern die einzig mögliche und in diesem Moment lebbare Alternative: Einordnung, um zu überleben.

Hier könnte das Buch, könnte der Film sein, zugegebenermaßen trostloses, Ende finden.

War damit alles umsonst? War alles womöglich ganz falsch, ganz unrealistisch, weil der Preis so unendlich hoch war, den ein Einzelner zahlte?

Die dritte Wendung von Buch und Film erfolgt dann beinahe schon im Abspann, auf den letzten Seiten sozusagen.

Als Keating seine persönlichen Sachen aus dem Klassenzimmer holt, stört er den Unterricht des Direktors mit eben diesen Jungen. Und in dieser Situation können die Jugendlichen nicht mehr schweigen. Keating soll nicht gehen, ohne dass laut gesagt wurde, wie die Schulderklärung zustande kam. Den drohenden Schulverweis vergessend demonstrieren die Schüler Solidarität. Stellen sich symbolisch hinter Keating. Einer nach dem anderen steigt auf seinen Schultisch, stumme Demonstration von Eigenständigkeit. Bitte um Vergebung, die Keating sehr wohl versteht und dankbar annimmt. Der Rektor wird zum bloßen Statisten, der in dieser neuen Welt nur noch hilflos und gestikulierend zwischen den Schultischen auf und ab rennen kann.

Die Jungen nehmen sich ihre zweite Chance und nutzen sie. Die Hoffnung bekommt wieder Atem. Die Welt ist noch nicht eine neue, aber das Neue ist schon unendlich mächtig im Kleinen angebrochen.

Die Jungen können und wollen jetzt nicht mehr zurück. Die Sehnsucht nach der neuen Welt ist nicht mehr auszulöschen und lässt sie über sich hinauswachsen und Schritte in die neue Welt wagen.

Denn: Hoffnung ist keine laue Ersatzwelt für die Verzweifelten und Schwachen. Hoffnung verhindert, das Ziel aus dem Auge zu verlieren. Sie ist der Motor, die innere Unruhe auf dem Weg zum Ziel!

Welton und Emmaus, der Ort, an den die beiden Jünger Jesu verzweifelt nach der Kreuzigung zurückkehren, haben etwas gemeinsam. In der Schriftlesung haben wir davon gehört, was auf dem Weg dorthin passierte. Auch Jesu Jünger waren voller Ideale. Jesus war ihre Hoffnung auf die große Wende in Israel. Er hatte das Zeug, die Welt umzukrempeln, dem Reich Gottes den Weg zu bahnen! Dafür hatten sie alles stehen und liegen gelassen, Frau, Familie und Arbeit den Laufpass gegeben und waren ihm gefolgt!

Bis jener Tag kam, an dem alles gescheitert zu sein schien.

Da stellten auch sie sich die Frage: „War alles umsonst? War alles womöglich ganz falsch, ganz unrealistisch, weil der Preis so unendlich hoch war, den ein Einzelner zahlte?"

Und da geschieht auch in Emmaus die entscheidende Wendung:

Die Hoffnung bekommt wieder Atem. Die Welt als ganze war und ist wohl noch nicht reif für ein Leben im Sinne Jesu. Die Welt war noch nicht reif für diesen Jesus von Nazareth und das, was er von Gott erzählte. Und obwohl die Welt damals wie heute noch keine neue Welt ist, ist das Neue schon unendlich mächtig im Kleinen angebrochen.

Die Sehnsucht nach der neuen Welt ist in den beiden und in vielen, die Jesus kannten, nicht mehr auszulöschen. Und sie lässt die Jünger später, trotz vielfachen Versagens, immer wieder über sich hinauswachsen.

Herz und Seele sollt auch ihr, liebe Konfirmandinnen und Konfirmanden gewinnen. Ihr könnt und sollt die unverwechselbaren Menschen sein und werden, die Gott sich mit euch erdachte.

Aber was heißt es denn genau und ganz praktisch „seinen eigenen Weg gehen"?
Was heißt es, dass Gott uns annimmt, uns liebt mit all unseren Fehlern und Schwächen?
Ist das jetzt der Freibrief so zu leben, wie's beliebt? Gott ist doch eh auf meiner Seite. Er sagt: „Ich liebe Dich!" Also tu, was du willst?

Das Ende mit ENDE, hatte ich versprochen!
Und so bitte ich ein letztes Mal um ein paar Minuten mehr Geduld und Aufmerksamkeit, um euch entführen zu lassen in das letzte Buch auf der Leseliste unseres Clubs der toten Dichter!

„Tu, was du willst". Im Märchenroman „Die unendliche Geschichte" von Michael Ende findet sich dieser Satz auf der Rückseite eines Amuletts eingraviert. Auryn heißt dieses Amulett und es gewährt Macht und Schutz dem, der es trägt.

Bastian Balthasar Bux, zunächst alles andere als heldenhaft:
Vor seinen Mitschülern und ihren Hänseleien muss er sich verstecken. Klein und dick, vielleicht zehn oder zwölf Jahre alt, findet er schließlich auf dem Dachboden der alten Schule Unterschlupf und beginnt, die „Unendliche Geschichte" zu lesen. Bastian gerät dabei, Zeile für Zeile, die er liest, hinein in die Handlung, die sich im fernen Phantasien abspielt. Und letztlich erwächst durch sein Tun und seine Macht aus dem letzten Sandkorn des alten Phantasiens eine neue Welt. Denn Bastian trägt jetzt Auryn, und hat damit Macht und Autorität in Phantasien.
„Tu, was du willst", denkt Bastian, als er zum ersten Mal die Inschrift liest, „davon war in der unendlichen Geschichte bisher nie die Rede gewesen."
Aber das war jetzt nicht wichtig. Wichtig war allein, dass diese Worte die Erlaubnis, nein, geradezu die Aufforderung ausdrückten, alles zu tun, wozu er Lust hatte!
Er tut also, was ihm in den Sinn kommt, und seine Macht lässt Wirklichkeit werden, was er sich wünscht. Bastian Balthasar Bux, jetzt kein unscheinbarer Junge mehr – sein Leben in Phantasien beginnt zur großen Erfolgsstory zu werden. Ihm gelingt, was er versucht. Entscheidung für Entscheidung

schafft er neue Fakten in Phantasien und auch in seinem Leben. Bastian gewinnt in jeder Situation etwas, das ihn zufriedenstellt. Doch zugleich verliert er auch die Erinnerung an die Sehnsucht, die ihn bewogen hat, sich dieses oder jenes zu wünschen.

Verwandelt, verdeckt ist sein eher unansehnlicher Körper. Vergessen die Jungs vom Schulhof, verschwunden die Trauer über den zurückliegenden Tod der Mutter. Wie in einem Rausch genießt er die scheinbare Erfüllung aller seine Wünsche.

Die Geschichte scheint Bastian immer weiter mit sich zu reißen und dem Leser kommt er immer arroganter und selbstherrlicher vor. Schon beim Lesen merkt man, dass die Inschrift des Amuletts so wohl nicht umzusetzen ist.

„Tu, was du willst" ist tatsächlich der *Zuspruch*, den eigenen Weg gehen zu dürfen. Wer es aber als „Tu, was dir beliebt!" versteht, gerät Schritt für Schritt aus der geschenkten Freiheit in neue Abhängigkeiten.

In der „Unendlichen Geschichte" erklärt ein Löwe schließlich Bastian diese Tatsache:

„Nein, ‚Tu, was du willst' heißt nicht, ‚Mach, was dir in den Sinn kommt', es heißt, dass du deinen wahren Willen tun sollst. Und nichts ist schwerer!" „Meinen wahren Willen", wiederholt Bastian beeindruckt, „was ist denn das?" „Es ist dein eigenes tiefstes Geheimnis, das du noch nicht kennst." antwortet der Löwe.

Gottes Liebeserklärung sagt nicht: „Macht weiter wie bisher. Alles, was ihr tut, ist schon okay, ist eben euer eigener Weg."

Seine Liebeserklärung fordert euch vielmehr auf, dem zum Leben zu verhelfen, was in euch steckt. Und das mag manchmal noch nicht auf die Art gelingen, die euch bisher als einzig möglicher Weg erschien.

Was dein *wahrer* Wille ist, Tim, Hannah, Birte oder Wilko? Das kann ich dir, kann ich euch ebenso wenig wie allen anderen sagen!

Ich glaube, unser wahrer Wille äußert sich auf unterschiedlichste Weise und wir müssen aufmerksam sein und ehrlich mit uns umgehen. Er lässt sich fühlen, wenn aller Schein und alle Sicherheit von uns abfallen.

Es sind die grundsätzlichsten, die lebensnotwendigsten und ehrlichsten Wünsche, die wir für unser Leben haben. Und nur ganz selten kommen wir ihnen nahe: Wenn nicht mehr unser Kopf mit seinen Berechnungen unser Handeln bestimmt, sondern dann, wenn unser Herz und Gefühl für einen Augenblick die Herrschaft übernehmen. Unser wahrer Wille wird in tiefer Trauer zwischen Tränen gesagt, in größter Freude der Welt ins Gesicht gelacht, in Verzweiflung hinausgeschrien und in großer Zuneigung und im Schutze der Liebe wortlos geteilt.

Ich sage euch darum heute nur dies: Gebt euch nicht zufrieden mit dem schnellen Erfolg oder dem billigen Trost. Diese Welt sähe anders aus, wenn das Leben sich aus eigener Kraft problemlos gestalten ließe, vorausgesetzt man würde sich nur fleißig genug darum bemühen.
Hängt euer Selbstbewusstsein nicht an euren Erfolg. Entdeckt euch – und bleibt euch treu!

In dem Maße, in dem ihr auf Gottes Liebe vertrauen lernt, sie glauben könnt, wird sie euch bewegen, euch verändern, euch nicht die Hände in den Schoß legen lassen. Sie wird euch Mut und Lust machen, euren wahren Willen zu entdecken und zu leben. Da bin ich mir sicher.
Marlon Brando hat das einmal so gesagt: „Nur wer seinen eigenen Weg geht, kann von niemandem überholt werden!" Amen.

PASSEND ZU KAPITEL 3

„KONFUS-WG"

Vorschlag für eine Begrüßung

„An Gottes Segen ist alles gelegen", das schrieb König Salomo gut 950 Jahre vor Christi Geburt.

Salomo, dem man Weisheit und menschliche Größe nachsagt.

„Der HERR selbst", so dichtet er in Psalm 127 weiter, „der Herr selbst muss das Haus bauen, sonst arbeiten die Bauleute vergeblich. Was könnt ihr denn ohne Gott erreichen? In aller Frühe steht ihr auf und arbeitet bis tief in die Nacht; mit viel Mühe bringt ihr zusammen, was ihr zum Leben braucht. Das gibt Gott den Seinen im Schlaf! Kinder sind ein Geschenk des HERRN, mit ihnen belohnt er die Seinen."

Mit diesen Worten Salomos heiße ich euch und Sie heute Morgen herzlich willkommen!

Was für eine Steilvorlage zu einem Konfirmationsgottesdienst, könnte man meinen:

Die Kinder, ein Geschenk Gottes. Stolz und ein wenig wehmütig können Eltern, Großeltern und langjährige Wegbegleiter jetzt nach hier vorne schauen und in Gedanken noch einmal die letzten 13, 14 Jahre zurückreisen.

Gott selbst, dessen Gaben und dessen Zutun unser eigenes Tun nicht vergeblich sein lässt – ein Warn- und Weckruf an uns alle, die wir allzu oft Machbarkeit für ein hohes Gut halten und die wir jetzt eingeladen sind, Gottesdienst zu halten, von uns abzusehen, zur Ruhe zu kommen.

Und dass es der Herr den Seinen im Schlaf gibt, so sagt es Salomo, nun ja, das ist so eine Hoffnung, die sich zwar durch alle Generationen zieht, aber die in Form von jugendlicher Lässigkeit oder manchmal gar Nachlässigkeit schon so manche Erwachsenen auf die Palme gebracht hat.

Wichtiger aber als all dies scheint mir heute der Anlass zu sein, der uns zusammenbringt.

Die Überschrift nämlich, die uns König Salomo mit seinem 127. Psalm über diesen Tag setzt: „An Gottes Segen ist alles gelegen!"

Die Bekräftigung seines Taufversprechens, die Liebeserklärung Gottes an euch und an uns alle – sie wird uns heute beschäftigen, ja, sie wird uns bestenfalls berühren und bewegen. Darum sind wir hier!
Unser Glück ist Ihm Vergnügen.

„An Gottes Segen ist alles gelegen."
Und so bekommt dieser Tag gleich zu Beginn seine Mitte, das Fest seinen Anlass. Um seinen Segen wird es gehen. Ihn wollen wir weitergeben und empfangen. Aus seinem Segen heraus die nächsten Schritte in die Zukunft wagen.

Und so sind wir in dieser Stunde zusammen im Namen des Vaters, der uns durch unsere Eltern und Großeltern hindurch in dieses Leben sandte.
Im Namen des Sohnes, Jesus Christus, der uns Freund und Bruder ist und uns so in der Welt zu Geschwistern macht.
Und im Namen des Heiligen Geistes, der uns beleben, bewegen und begeistern will, jeden Tag aufs Neue! Amen.

Vorschlag für ein Psalmgebet: Psalm 118

Vorschlag für ein Gebet
Gott, Vater im Himmel,
heute Morgen wollen wir dir Raum geben in unseren Gedanken. Wir haben uns Zeit genommen. Zeit zu hören und zu reden, zu beten und zu singen, nachzudenken und zu bekennen.
Heute Morgen sind wir hier. Wollen uns anreden lassen von dir. Uns verbinden mit all den anderen, die mit uns, vor uns und parallel zu uns an anderen Orten in Verbindung bleiben mit dir.

Gott, komm du zu uns in dieser Stunde. Sei bei uns – heute und an den Tagen, die vor uns liegen.

Schenk uns Offenheit für dich und dein Wort. Offenheit auch für die Menschen, denen wir heute begegnen.
Hilf uns hinein in ein Miteinander mit dir und lehre uns, die Verbindung zu halten.
Mach uns empfindsam, Gott, für deine Liebe und für die Menschen um uns herum.
Das bitten wir dich, durch den, in dem du auf uns zukommst, immer wieder neu: Jesus Christus, der mit dir, Gott, und dem Heiligen Geist lebt und regiert von Ewigkeit zu Ewigkeit. Amen.

Vorschlag für eine Lesung: Apg 3+4 (in Auszügen)

Eine mögliche Predigt
Liebe Konfirmandinnen und Konfirmanden!
Liebe Konfirmationsgemeinde!

„Und jedem Anfang wohnt ein Zauber inne.
Der uns beschützt und der uns hilft, zu leben.
Wir sollen heiter Raum um Raum durchschreiten,
An keinem wie an einer Heimat hängen,
Der Weltgeist will nicht fesseln uns und engen,
Er will uns Stuf' um Stufe heben, weiten."

Allem Anfang wohnt ein Zauber inne – da mag man denken, Hermann Hesse, dem wir diese Worte verdanken, ist in seinem Leben niemals umgezogen.
Allem Anfang wohnt ein Zauber inne – vor ziemlich genau einem Jahr, beim Anfang in der Meierhofstraße, da sah das alles wenig zauberhaft aus.

Denn obwohl viele Vorbereitungen getroffen worden waren, ging es beim Renovieren und Einziehen dann doch an einigen Stellen eher ungeordnet zu. „Allem Anfang wohnt das Chaos inne, möchte man da, auch in Erinnerung an den Anfang der biblischen Schöpfungsgeschichte, dichten!"
Und wie beim Einzug in die neuen vier Wände, so geht es oftmals auch beim Auszug zu.

Da macht die Meierhofstraße 1, unser WG-Haus, keinen Unterschied. Ein Jahr liegt hinter uns. 29 Konfirmanden, gut 20 Mitarbeiterinnen und Mitarbeiter, aber auch 38 Kinder unterschiedlicher Gastprojekte, eine Grundschulklasse und zuletzt junge Erwachsene der Abi-WG haben sich dort die Klinke in die Hand gegeben. Nun bleibt noch das morgige Konfirmationsfest im Garten und ein Abend mit allen Ehrenamtlichen zum Abschied, dann endet das Kapitel „Meierhofstraße" in unserer Gemeindegeschichte. Heute ist darum auch nicht der Lesungstext wichtigste Grundlage der Predigt – „Text" ist vielmehr ein Geschehen, das Geschehen im vergangenen Jahr in der WG.

Und wir knüpfen dort an, wo wir gestern nach den letzten Wohnphasen das Haus verlassen haben.
Es herrschte Auszugsstimmung. Zeit fürs Räumen, Rückblicken, Bilanzieren und: Zeit für Sperrmüll!

Gegenstände werden hereingetragen und am Taufbecken abgelegt:
Schild (Selbstständig, Eigenverantwortung / ohne Eltern)
Eingangstür (offen bleiben/sein)
Garderobe (Ankommen)
Whiteboard (informiert sein)
Bett (eigene Beiträge leisten)
Computer (verbunden bleiben)
rote Decke (fürs Wohlbefinden sorgen)
Spiegel (sich selbst(kritisch) betrachten)
Pinnwand mit Tagesplan (Ordnung/Form im Leben finden, auch wenn es sich wandelt)
große Ikone (Wegbegleiter)
Lehmziegel (Zusagen)

WG-Sperrmüll, heute mal hier in St. Martini und nicht in der Meierhofstraße.
Dinge, die ihre Wichtigkeit verloren haben, werden ausgemustert. Was lange genutzt wurde, seine Aufgabe hatte, ist jetzt überflüssig und kann auf den Müll. Veränderungen stehen an, Wandel.

Und letztlich ist es beim Übernehmen der Meierhofstraße so wie beim Einzug jeder neuen Gruppe, beim Wiederauszug und beim letztmaligen Leerräumen des Hauses: Immer gilt es, Veränderungen zu organisieren, sie zuzulassen, Schritte ins Neuland zu wagen.

Nun sprechen ja manche vom kreativen Chaos, lieben das Durcheinander, den steten Wandel und sind allzeit offen für Veränderung – anderen aber bereitet das Unbehagen oder gar Angst und Verunsicherung.

Da mag jede und jeder von uns für sich überlegen, welchem Typ man dabei angehört.

Eines ist jedoch klar: Wer **Veränderung** nicht will, der will auch nicht das Leben. Denn das Wesen der Zeit, das Wesen unserer Lebenszeit, ist **Veränderung**!

Eure Konfus-Zeit geht zu Ende. Veränderung steht wieder einmal an.

Auch für Eltern, Großeltern und Verwandte ist euer jetziges Alter ein stetes Schritt halten mit dem Wandel, den ihr durchlauft.

Und doch, so hoffen wir, sind die Dinge aus der Meierhofstraße, sind die Erfahrungen aus dem gemeinsamen Leben dort, miteinander aber auch mit uns Mitarbeitenden, nichts für den Müll. Manches, so bleibt zu hoffen, hat Wert und behält ihn auch für euch, selbst, wenn es jetzt den neuen Zeiten weichen muss. Manches, so glaube ich, ist hilfreich, wenn es darum geht, Veränderungen zu meistern, sich weiterzuentwickeln, das Leben als das zu begreifen, was es ist: Mühe und Chance zugleich, ein Abenteuer ohne die Option, den Spielstand und das Level zwischenzuspeichern.

Das Schild (Selbstständig, Eigenverantwortung / ohne Eltern)

Da ist zunächst mal unser WG-Schild. Eltern durchgestrichen. Eigentlich nicht als Hausverbot entstanden, sondern es gibt dieses Schild ja tatsächlich am Ortsausgang des kleinen Dorfes Eltern im Emsland. Und doch haben fast alle Eltern (und auch viele Passanten) dieses Schild ganz richtig gedeutet. Als Hinweis nämlich, dass Veränderung nur gelingt, wenn man sie zulässt. Dass man sich raushalten muss, wenn man möchte, dass jemand hineinwächst. Eltern als die, die euch ins Leben hineinhalfen, so viele Jahre, und die jetzt wieder neu behilflich sein müssen, sein können, indem sie sich bescheiden. Gelingende Veränderung, eigenständiges Leben. Das braucht für mein Gefühl eben jene Eigenverantwortung. Und meint nicht nur, dass der eine etwas lässt, sondern eben auch, dass der andere etwas in die eigene Hand nimmt und nicht vernachlässigt.

Die Eingangstür (offen bleiben/sein)
Auch die Eingangstür der WG lehnt am Taufstein (beinahe ein Sinnbild, ist die Taufe doch so etwas wie die Eingangstür in die christliche Gemeinde). Wenn ich sie so sehe, muss ich daran denken, wie oft ich diese Klinke gedrückt habe, wie selbstverständlich es irgendwann war, in dieses Haus zu kommen. Viel wichtiger aber ist sie als Symbol für Offenheit. Eigentlich war tagsüber immer auf, und diese Offenheit, die brauchte das ganze Projekt, um überhaupt zu funktionieren. Eltern, Geldgeber, Hausbewohner, Nachbarn, Mitarbeitende, die Gemeindeverantwortlichen – die Offenheit aller für neue, ungewöhnliche Vorhaben und Wege hat die WG ja erst möglich gemacht. Und so bleibt für mich zu hoffen, dass auch ihr euch in den neuen Zeiten öffnen könnt für das, was das Leben für euch bereithält, an Höhen und Tiefschlägen. Aber auch für die Menschen, die sich mit euch diese Erde teilen, seien sie nun schwarz oder weiß, reich oder arm, gleichgesinnt oder andersdenkend.

Mögen sie euch offen entgegenkommen, aber vor allem: Möget ihr jedem Entgegenkommenden zunächst einmal als einem von Gott geliebten und geachteten Menschen gegenübertreten.

Die Garderobe (Ankommen)
War man dann erst mal im Flur, dann galt es anzukommen. Bei den ersten Malen war das sicher besonders ungewohnt, später dann hing man seine Jacke an den Haken der Garderobe und war zu Hause. Zuhause, richtig, auch das ist ein wesentlicher Bestandteil vom Glück in Zeiten von Veränderung. Wir müssen unseren Platz, an den wir gerade geraten sind, zum Zuhause machen dürfen und können. Wer fremd bleibt, da, wo er oder sie gerade ist, der wird nicht weiterkommen, sondern sich dem Wandel verweigern. Manche Orte sind es zwar tatsächlich nicht wert, länger an ihnen zu verweilen, aber das sind ganz wenige. Meine Hoffnung ist also: Lernt und pflegt die

Kunst, anzukommen. Vom Apostel Petrus haben wir eben in der Lesung gehört, wie er heilte und sein Tun dann in freier Rede vor den Mächtigen und Intellektuellen seiner Zeit verteidigte. Petrus war angekommen in seiner neuen Rolle. Aber das war er ja nicht immer! Er, der Fischer, etwas schwerfällig im Umgang, mit derber Natur und riesigem Respekt vor dem, was Jesus konnte. Er, der Jesus verleugnete, der erfolglos versuchte auf dem Wasser zu wandeln und bei der Fußwaschung erst im dritten Anlauf begriff, worauf Jesus hinauswollte. Jetzt war er angekommen – in einer Rolle und Aufgabe, die er nie zuvor für möglich gehalten hatte.

Das Whiteboard (informiert sein)
Sehe ich das Whiteboard, erkenne ich es erst mal kaum wieder, so weiß und leer wie es ist. Eigentlich war es das nur beim Einzug und jetzt, wo es auf den symbolischen Sperrmüll kommt.
Sehe ich das Whiteboard, dann denke ich daran, wie wichtig für die Zeit in der Meierhofstraße das Informiertsein war. Die meisten Schwierigkeiten, der meiste Streit, die meisten Pannen passierten durch fehlende Information. Das ist im wirklichen Leben außerhalb der WG-Wände nicht anders. Und darum geht der Wunsch an euch, nicht damit aufzuhören, nachzufragen, sich zu interessieren – aber auch von euch zu erzählen, es anderen leicht zu machen, euch zu verstehen und zu wissen, was ihr vorhabt. Petrus jedenfalls zehrte von dem, was er durch Jesus von Gott erfahren hatte. Und er fand darum Worte in den schwierigen Situationen, in die er durch den Lauf des Lebens geriet.

Ein selbstgebautes Bett (eigene Beiträge leisten)
Noch etwas – und dafür mag vielleicht das selbstgebaute Bett stehen, das ihr ja alle zu WG-Beginn hergestellt habt: Petrus konnte sein Leben meistern, weil er schon an Jesu Seite eines gelernt und geübt hatte. Nein! Nicht tischlern! Sondern seinen eigenen Beitrag zu leisten. Später, in der Zeit nach Jesus nämlich, wächst er darum leichter in die eigene Rolle hinein. Doch Petrus wird nicht wie Jesus und das ist gut so. Denn so verschieden eure Betten in Design und handwerklicher Qualität sind, so verschieden, so einzigartig seid ja auch ihr. Einzigartig und daher aufgerufen, einen eigenen, euren Weg zu gehen. Petrus hatte Erfolg, weil er **nicht** versuchte,

wie Jesus zu sein, sondern weil es ihm gelang, Petrus zu sein! Und auf seine Weise Gottes Werk zu tun.

Manch andere Gegenstände lagern noch am Taufbecken.

Der Computer, stellvertretend für das Bedürfnis, verbunden zu sein, verbunden zu bleiben, gerade in Zeiten der Veränderung.

Eine unserer heißgeliebten roten Decken, die insbesondere die beiden Gruppen zu schätzen gelernt haben, die in den Wintermonaten das Haus bewohnten. Mich erinnert sie daran, wie wichtig es ist, in jeder Lebenssituation eine Lösung zu finden, sich wohlzufühlen. Und manchmal braucht es dafür nur Kleinigkeiten. Sich an kleine Rituale zu erinnern, die einem etwas bedeutet haben. Sich selbst eine Freude zu machen. Dinge nicht gedankenlos zu tun, sondern sie bewusst für sich gestalten.

Der alte Wochenplan, jeden Abend von euch weiter-geschrieben, geprüft, ergänzt, verworfen – er erinnert an die Notwendigkeit von Struktur, vom Rahmen, den auch eine Zeit der Veränderung und des Wandels nicht missen darf.

Der Spiegel wiederum mag für die Notwendigkeit stehen, auch sich selbst immer wieder kritisch zu betrachten, um nicht überheblich oder unfair anderen gegenüber aufzutreten. Letztlich ist auch das eine große Hilfe, um in allen Lebenssituationen sein Glück finden zu können (ohne es anderen nehmen zu müssen).

Vieles hier vorne hat nun ausgedient und hatte seine Zeit.

Es kommt auf den WG-Sperrmüll oder wird weitergegeben.

Zwei Dinge jedoch dürft und sollt ihr mitnehmen.

Zwei Dinge, die euch aus diesem Gottesdienst hinaus auf den Wegen begleiten können, die ihr nun geht (Ikone und Ziegel auf den Altar).

Die große Freundschaftsikone (Wegbegleiter)
Eine Ikone haben wir in den WG-Wochen besonders bedacht. Jesus und Menas, den Abt eines Klosters, zeigt sie und wird allgemein als Freundschaftsikone bezeichnet. Ihr Original, beinahe 1300 Jahre alt, steht heute im Louvre in Paris. In Groß steht sie jetzt hier vorne. Viele kleine, von euch selbstgemalte und vergoldete Versionen, stehen oder liegen hier bereit, damit ihr sie hinterher mitnehmt.

Menas, ein Mann, der sich Ansehen im Himmel und unter den Menschen erworben hat. Und Jesus, der ihm freundschaftlich den Arm um die Schulter legt, der hinter ihm steht, im übertragenen Sinne des Wortes. Menas aber macht mit einer kleinen Geste deutlich, worauf es wirklich ankommt. Nicht ich bin es, der superfromm, supermutig und erfolgreich für sein Ansehen gesorgt hat: „Er ist es!", scheint der auf Jesus gerichtete Zeigfinger zu sagen. „Er ist es, der mich zu dem macht, was ihr bewundert. In seiner Liebe, seiner Anerkennung kann ich größer werden, als ich bin."
Und eben das wünsche ich euch, wünschen wir euch, die wir in diesem WG-Jahr euch erleben und begleiten durften: Wachst über euch hinaus! Werdet zu dem, was in euch steckt, jeden Tag ein Stück mehr! Und eben nicht, weil ihr superfromm oder -mutig seid, sondern weil er hinter euch steht. Weil Gottes Liebe euch tragen kann und will!

Auch Petrus wusste sich getragen von Gottes Liebe und konnte, wie in der Lesung gehört, über sich hinauswachsen. Mit dem Bild vom Eckstein bringt er die Hohepriester in Verlegenheit, denn er zitiert ein altes jüdisches Bild, das wir ja schon aus dem 118. Psalm vom Anfang des Gottesdienstes her kennen. Aber mehr noch: Er sagt ganz klar: Jesus ist es, dieser Eckstein. Der, den alle für untauglich gehalten haben, und der am Schluss der Anfang von etwas ganz Neuem und Großartigem wird.

So ein *Eckstein* nämlich hat es in sich.
Nach alter Machart haben wir solche Steine miteinander aus Lehm und mit Strohhäcksel hergestellt. Die Bibel sagt: Verworfenes, also das scheinbar Unnütze, Untaugliche wird zur Grundlage. Was Gott für uns tut, ist die Ecksteinlegung. Denn ist der Eckstein erst einmal auf den Grund der Baugrube gelegt, dann definiert er das gesamte Gebäude. Nein, er sagt nichts über die Farbe der Wände, die Zimmereinteilung oder das Dach aus – aber die Richtung von Längsseite, Breite und Senkrechte sind damit festgelegt. Und ein solches Haus bleibt auch später noch offen für Veränderungen, denn seine Grundgestalt ist nicht bedroht. Mit dem Eckstein bleibt die Form gewahrt. Auch unsere Kirche hat solchen Wandel erlebt. Doch der Eckstein des 1000-jährigen Turms ist noch heute an seinem Platz und definiert die Lage und Ausrichtung der Kirche. Auch wenn schon das dritte Kirchen-

schiff von diesem Turm ausgehend hier zum Gottesdienst einlädt.

Zu seinem Jünger Simon sagte Jesus einmal: „Du sollst der Fels, der Grundstein sein, auf den ich meine Kirche baue". Und dadurch erhielt dieser seinen neuen Namen „Petrus", was übersetzt „der Fels" heißt.

Eben jener Petrus, der vorher so viele Fehler machte, sich in der Nacht der Gefangennahme davonstahl und auch sonst kein Kind von Traurigkeit war. Petrus, mein Fels.

Gott, so scheint es, kann auch aus dem Unvollkommensten seinen Segen machen. Er schreibt auch auf krummen Linien gerade, wie das einmal ein französischer Dichter formulierte.

Was kann, was darf also zukünftig euer Eckstein, die Grundlage eures Lebenshauses sein? Nun, das müsst und werdet ihr hoffentlich selbst entdecken und festlegen. Zwei Angebote bringt euer Lehmziegel dafür mit.

Auf der einen Seite trägt er ein Symbol, das ihr für die Botschaft eures Konfirmationsspruches, eures ganz eigenen Segenswortes gewählt habt.

Und auf der Rückseite ist mit drei Symbolen die Taufzusage Gottes (und damit auch die Botschaft der Konfirmation) festgehalten: „Du bist mein Kind. Dir gilt meine Liebe. Dich habe ich auserwählt, deine Einmaligkeit will ich schützen."

Ein Kind, ein Herz, ein Ausrufungszeichen.

Macht es mit dieser Zusage wie Petrus: Lasst zu, dass sie euch den Rücken stärkt. Wachst über euch hinaus oder besser: in euch hinein.

Habt Mut etwas anzufassen und zu ändern.

Habt Mut zum Leben.

Mut auch Fehler zu machen.

Habt vor allem:

MUT!

Amen.

PASSEND ZU KAPITEL 4

„SCHOLA DEI"

Vorschlag für ein Psalmgebet:

Jeden Morgen stehen wir beieinander.

Alles ist gepackt. Wir verlassen ein gastfreundliches Haus und machen uns auf.

Zuvor stehen wir im Kreis zusammen und sprechen Worte, die vom Vertrauen auf Gott erzählen.

Worte des alten König David, der wie kein anderer zuvor sein Leben, Höhen und Tiefen mit Gott besprach.

Ihn lobte er, klagte ihm sein Leid, ließ ihn an Fragen und Sorgen teilhaben, stritt schon mal mit ihm oder bat um Unterstützung.

Und so wie die alten Davidworte aus Psalm 23 uns Tag für Tag als Wege-Wort begleiteten, so sollen sie auch heute, hier im Gottesdienst gemeinsam gesprochen werden.

Die Psalmworte finden sich auf dem Liedblatt abgedruckt. Die Konfirmandinnen und Konfirmanden beginnen und wir alle antworten immer wieder einmal mit dem letzten Vers des Psalms auf das Gesprochene.

Psalm 23

Der HERR ist mein Hirte, mir wird nichts mangeln.

Gutes und Barmherzigkeit werden mir folgen mein Leben lang, und ich werde bleiben im Hause des HERRN immerdar.

Er weidet mich auf einer grünen Aue

und führet mich zum frischen Wasser.

Gutes und Barmherzigkeit werden mir folgen mein Leben lang, und ich werde bleiben im Hause des HERRN immerdar.

Er erquicket meine Seele.

Er führet mich auf rechter Straße um seines Namens willen.

Gutes und Barmherzigkeit werden mir folgen mein Leben lang, und ich werde bleiben im Hause des HERRN immerdar.

Und ob ich schon wanderte im finstern Tal,
fürchte ich kein Unglück;
denn du bist bei mir,
dein Stecken und Stab trösten mich.
**Gutes und Barmherzigkeit werden mir folgen mein Leben lang, und ich
werde bleiben im Hause des HERRN immerdar.**
Du bereitest vor mir einen Tisch
im Angesicht meiner Feinde.
Du salbest mein Haupt mit Öl
und schenkest mir voll ein.
**Gutes und Barmherzigkeit werden mir folgen mein Leben lang, und ich
werde bleiben im Hause des HERRN immerdar.**

Vorschlag für ein Gebet

Ja, Gott, „Gutes und Barmherzigkeit sollen uns folgen ein Leben lang", das
möchten wir mit den Worten König Davids immer wieder beten. Das wünschen wir einander, aber vor allem heute Morgen den Konfirmandinnen
und Konfirmanden!
Blicke du, Gott, voller Liebe auf uns und entdecke dabei all das, was andere
nicht erkennen können. Schenk uns das Gefühl, gewollt, geliebt, geborgen
und unangreifbar zu sein – und lehre es Freundinnen, Freunden und Familien, uns diese Gewissheit zu schenken.
Um deine Nähe, deine Zuwendung bitten wir.
Für deine Nähe, danken wir, für jede empfangene Zuwendung, jeden geschenkten Moment.
Du gabst uns Atem, damit wir leben.
Du gabst uns Füße, dass wir fest stehn.
Mit uns willst du diese Erde verwandeln.

Schenk uns jetzt Offenheit füreinander
und Offenheit für dich und deine Botschaft.
Sei du die Mitte dieser Stunde, der Höhepunkt dieses Tages.
Das bitten wir dich, durch Jesus Christus, unseren Freund und Bruder, der
mit dir und dem Heiligen Geist lebt und regiert von Ewigkeit zu Ewigkeit.
Amen.

Vorschlag für eine Lesung: 1. Kön 19,1-13

Eine mögliche Predigt

„Pilgern ist nichts für Weicheier!" Sagt Luisa.

Nein, das ist nicht nur eine Vermutung oder gar erfunden, das ist belegt! Am letzten Tag der ersten Pilgertour schleppten wir uns alle mehr schlecht als recht Richtung Hameln, da fielen diese Worte.
Und weil ich manchmal Angst habe, wirklich wichtige Dinge zu vergessen, habe ich sie mir beim nächsten Stopp direkt hinten in meine Pilgerkladde geschrieben.
„Pilgern ist nichts für Weicheier!"

Liebe Konfirmandinnen und Konfirmanden.
Liebe Konfirmationsgemeinde!

Manchmal ist es gut, wenn man eine Erfahrung mit Haut und Haar macht, wenn man sie an sich heranlässt und dann auch noch den Mut hat, auszusprechen, was einen dabei bewegt.
„Pilgern ist nichts für Weicheier!"

Pilgern stammt vom lateinischen Wort für „in der Fremde sein" ab. Und in letzter Konsequenz sind wir das immer, wenn wir nicht zuhause sind. Pilgern – in der Fremde sein.
Mit allen Begleiterscheinungen: Unsicherheit, aber auch erwartungsvolle Spannung. Gewohntes vermissen, aber auch Neues erleben können. Heimweh, aber auch Lust an der Weite der Welt.

Ein gemeinsamer Pilgerweg liegt nun hinter uns. Gut 250 Kilometer vom Zisterzienserkloster in Loccum nahe Hannover bis hin zu seinem Mutterkloster im thüringischen Volkenroda. Von dort brachen 1163 zwölf Brüder auf, um das Tochterkloster in Loccum zu gründen.
Ihren Spuren folgt der Pilgerweg, der seit der EXPO 2000 und dem Kirchentag 2005 in Hannover wieder ausgeschildert ist.

Unterwegssein, das ist eine alte christliche Tradition. Mehr noch: Unterwegssein ist eine Lebenseinstellung. Es baut auf der Erkenntnis auf, dass unser Leben von Veränderung geprägt ist. Dass es kein Zustand ist, sondern eher ein Weg.

Wer das erkennt, für den macht es immer weniger Sinn, ein Ziel mit aller Macht erreichen zu wollen. Wer dies erkennt, der übt sich in der Fähigkeit, zufrieden auf dem Weg zu sein – offen für all das, was ihm oder ihr widerfährt!

Zuerst ist das ein wenig ungewohnt, wie wir bemerkt haben.

Aber von Tag zu Tag ändert sich etwas an den Gesprächsthemen, an den Fragen, die man sich stellt, den Gedanken, die einem unterwegs kommen. „Wann sind wir da? Wie weit ist es noch?" Diese Fragen werden unbedeutender, je länger man unterwegs ist. Die Tageskilometer geraten zur Nebensache. Anderes wird wichtiger.

UNTERWEGS-Sein – eine Lebenseinstellung.

Vielleicht habt ihr sie trotz Anstrengung und Mühen, trotz Hitze und Blasen an den Füßen schätzen gelernt, diese Haltung des UNTERWEGS-Seins. Dann wird der Weg euch nicht nur kurzfristig verändert haben, dann ist aus dem Fremd-Sein, dem Pilgern, eine neue Form von „Zuhause" geworden. Denn auch im Unterwegs-Sein kann man sich einrichten.

Ganz anders erging es da zunächst wohl dem Propheten Elia, von dem wir in der Lesung gerade gehört haben.

Er hatte sich nicht freiwillig auf den Weg gemacht. Er war nicht unterwegs, um eine neue Lebenseinstellung zu finden, und doch: Auch ihn veränderte dieser Weg, diese Flucht vor den Wachen der Königin Isebel. Elia hatte ihre Propheten, ihre Götzenprediger besiegt und getötet. Nun trieb ihn die Gefahr in die Fremde.

Ja, auch Prophetsein ist offensichtlich nichts für Weicheier!

Doch auch, ja gerade in der Fremde zeigt sich Elia Gottes große Liebe von ihrer ganz praktischen Seite:

Gott sorgt für ihn.

Gott lässt ihm Zeit zur Erholung.

Gott bleibt ihm treu – aber auch dem Auftrag, den er Elia gab.
Unterwegs erfährt Elia Gott auf bislang ungeahnte Weise.
Der lange Weg sorgt letztlich für Klarheit:
Elia weiß, was er tun will.
Er ist gestärkt und überzeugt.
Und: In der Stille, im Schweigen begegnet ihm Gott selbst.

Und darin findet er die Kraft, seinen eigenen Weg nun mit Ausdauer und Perspektive anzugehen.
Elia macht sich auf und tut das, was nötig für ihn ist!

UNTERWEGS sein – ich lade euch ein, diese Lebenshaltung weiter zu pflegen. Die Bibel ist randvoll mit Weg-Geschichten und sie erzählt uns von einem Gott, der mitgeht. Der an unserer Seite ist, und der sich im UNTERWEGS-Sein entdecken lässt.

Wenn es losgeht, dann ist UNTERWEGS-sein zuallererst Verzicht! Nicht viel kann man mitnehmen. Gewohntes muss man zurücklassen. Lebensnotwendiges beansprucht den geringen Platz im Rucksack.
Und auch wenn wir uns darauf geeinigt hatten, keinen Rucksack heute mit in die Kirche zu bringen, habe ich doch eine kleine Ausnahme von der gemeinsamen Regel machen wollen. Vor allem um zehn wichtige Dinge darin verstauen zu können. Sie sollen helfen, jetzt mit euch und Ihnen gemeinsam noch einmal auf zehn wichtige Einzelheiten des UNTERWEGS-Seins zurückzublicken.
Zehn Gedanken, die mir auf dem Weg einfielen.
Zehn Dinge, die es braucht, um UNTERWEGS-Sein zu können – nicht nur auf dem Pilgerweg Loccum-Volkenroda, sondern auch und vor allem auf dem langen Lebensweg, der hoffentlich vor jeder und jedem Einzelnen von euch und uns noch liegt.

Ich packe den Rucksack mal nach und nach aus ...:

(Babyschuhe)
Irgendwann beginnt das Unterwegs-Sein.

Und tut man diesen Schritt nicht bewusst, nimmt man ihn sich nicht vor, dann wird man nicht von der Stelle kommen.

AUFBRUCH ist es, was nötig ist. Diese Babyschuhe erinnern mich daran! Wer nicht wagt aufzubrechen, der wird sich weiterhin treiben oder tragen lassen müssen. Natürlich geht es irgendwie vorwärts, aber nicht durch deinen Entschluss, sondern nur durch das Drängen, Schieben, Sich-bewegen-Lassen durch andere. UNTERWEGS-Sein aber ist ein Zustand, der sich nicht einfach ergibt. Er verlangt unsere Entscheidung, unseren ersten Schritt!

Die Bereitschaft aufzubrechen, die Lust, selbst den ersten Schritt zu machen, die wünsche ich euch für die kommenden Wege.

Vertraut dabei auf Gottes Versprechen, dass es immer wieder Gelegenheit gibt, neu aufzubrechen. Dass jeder Tag eine neue Chance bietet, sein Leben in die Hand zu nehmen.

(Sandale)

Und dann?

Ist man erst aufgebrochen, hat man erste Schritte gewagt, dann ist es Zeit, sich zu orientieren. Auf unserem Pilgerweg war es ganz oft so: Kaum hatten wir die Kirche hinter uns gelassen, die uns in der vergangenen Nacht beherbergte, schon kam man am Dorfausgang wieder zum Stillstand. Viele Wege boten sich an. Staunen darüber, was alles möglich ist, auch in unserem Leben ist das ja oft nicht anders.

Jetzt ist es Zeit für Orientierung – bunte Sandalen habe ich dafür bei unserer Tochter geliehen. Sie sind wie diese Welt voller Optionen, bunt, schrill, ein wenig verrückt und – nach allen Seiten hin offen.

ORIENTIERUNG! Beim Pilgern gab es da immer das gleiche Prozedere: Die Karte musste ausgerichtet werden, die Übersicht wurde hergestellt. Wo steht die Sonne? Welche markanten Punkte lassen sich anpeilen? Wo ist der nächste Baum mit dem hilfreichen Pilgerweglogo, das uns den Weg weist?

Wer nicht weiß, wo er ist, der kann auch nicht entscheiden, wie es weitergeht!

Erinnert ihr euch noch? Einen kleinen Kompass haben wir euch geschenkt, damals, im November 2009 bei eurem Startgottesdienst. ORIENTIERUNG – das ist es, was das UNTERWEGS-Sein erst gelingen lässt. Auch Elia brauchte

diese Zeit der Orientierung, das Innehalten, das Klären seiner Lage, bevor er Gottes Auftrag annehmen konnte.

Orientierung – schön und gut. Aber woran bloß?

Nun, was sich ganz und gar nicht als Orientierungshilfe eignet, sind unzuverlässige Dinge (und auch Menschen). Was ständig seinen Platz ändert, taugt nicht zur Peilung (die Sonne einmal ausgenommen, die ja erkennbaren Regeln folgt)!

Sucht also nach dem Aufbruch immer wieder die Konstanten in eurem Leben, die Dinge, die verlässlich sind und den Weg weisen. Gottes Wort kann so eine feststehende Größe sein, an der man sich orientieren kann, die es lohnt anzupeilen und den Blick dann zum Horizont zu richten und Ziele ins Auge zu fassen.

Orientierung ist das eine – aber wer nicht bereit ist, sich zu entscheiden, auch der kommt nicht wirklich weiter!

ENTSCHEIDUNG, wohin soll es gehen, links oder rechts? Welche Meinung, welches Vorgehen, welche Schule, welcher Freund, welcher Beruf, welches Wort oder Widerwort nehme ich in den Mund? So vieles ist zu entscheiden!

(Arbeitsschuhe)

Ich habe mal ein paar Arbeitsschuhe mitgebracht, weil sie mich an eine wichtige Folge von Entscheidungen erinnern, an Verantwortung nämlich. Wer sich entscheidet, übernimmt damit auch die Verantwortung für den nun folgenden Wegabschnitt. Kein Rausreden ist dann mehr möglich. Dein Entschluss war es, du wirst zu ihm stehen müssen, selbst wenn er sich später als Sackgasse herausstellt.

Aber das schadet nicht wirklich!

„Umwege erweitern die Ortskenntnis", sagt ein chinesisches Sprichwort. Und es ist ein Zeichen von Stärke, von innerer Reife, wenn wir letztlich sagen können: „Schade, da habe ich mich geirrt. Tut mir leid. Aber ich war mir ziemlich sicher, als ich die Entscheidung traf!"

Solche Fehler verzeiht man sich selbst und auch andere lernen, sich über den Mut zu freuen, dass einer Entscheidungen traf, statt abzuwarten, bis alle Risiken restlos ausgeräumt wurden, und man so noch nach Tagen an der gleichen Weggabelung hockt.

(Fußballschuhe)
Na und diese hier, die liefen ja unterwegs praktisch immer in unseren Gesprächen mit.
Nein, keine Angst, es geht heute nicht darum, Tabellenplätze von Leverkusen oder Bremen, Burg, Grohn oder Lesum zu diskutieren. Es geht um das, was allen Mannschaften gemein sein sollte – ein funktionierendes Miteinander nämlich!
Gefährten nannte man sie früher. Ein altes deutsches Wort für die, die die Fahrt miteinander teilten, die gemeinsam unterwegs waren. Nicht elf Freunde müsst ihr sein, aber bereit, einander beizustehen. Als wir unterwegs waren, ist das Tag für Tag besser gelungen: Das Gefühl, dass jede und jeder durch seinen Beitrag, durch sein Dabei-Sein etwas entstehen lässt, das letztlich größer ist als die Summe der Einzelteile. Ja, spätestens seit unserem vorletzten Abend in Mühlhausen bin ich mir sicher: wir alle wussten, dass mehr gewonnen wurde als aller persönlicher Gewinn zusammengenommen. Es war etwas entstanden, das wir ungern wieder verlieren würden. Ein Miteinander, ein Mehr als „Ich" und „Du".

UNTERWEGS-sein als Lebensprinzip braucht so etwas, braucht Gefährten, Wegbegleiter. Manchmal sind es Freunde, Eltern, eure Patinnen und Paten. Manchmal ist es jemand ganz Unbekanntes, der mit seiner Art, die Dinge zu sehen, plötzlich da ist, und euch ein Stück auf dem Lebensweg begleitet. Bleibt also aufmerksam, bleibt offen für den Rat eurer Wegbegleiter und traut euch ruhig, dankbar zu sein, denen Danke zu sagen, die an eurer Seite waren. Vielleicht fangt ihr gleich heute damit an – mit einem großen Dank für die, die bislang gute Weggefährtinnen und -gefährten waren. Einige von ihnen werden doch vermutlich heute unter euren Gästen sein …!

Was war noch wichtig, unterwegs auf unserem Pilgerweg?
Was mag noch wichtig sein, auf den Wegen, die jetzt vor euch liegen?

AUSDAUER zum Beispiel!
(Laufschuh)
Einen Laufschuh habe ich mir dafür als Merkposten in den Rucksack gesteckt.

Ja, manchmal hilft eben nur Ausdauer. Wenn gerade keine große Lust da ist, auch die nächste Steigung noch zu erklimmen. Wenn die Anfangseuphorie abgeklungen ist und man nicht ständig von einem neuen Event zum nächsten hüpfen kann. Eben gerade dann, wenn es gilt, ein Stück Alltäglichkeit zu leben – dann ist Ausdauer gefragt.

Und nur mit ihr gelingt all das, was wirklich zählt: Beziehungen zu anderen, Erfolg, Familie, Werte, große Herausforderungen. Streng genommen ist auch Glücklichsein eine Ausdauersportart und auf keinen Fall ein Sprint.

Und auch dies gab es unterwegs in Hülle und Fülle: *(Damenschuh)* Höhen und Tiefen!

Sie machen unseren Lebensweg nicht unbedingt leichter, die Höhen und Tiefen. Die Anstiege und das steile Bergab.

Aber sie eröffnen uns immer wieder neue Möglichkeiten und Einsichten. Manchmal war das schon auf unserer Pilgertour erkennbar. Da ging es eine Zeit bergab, dann war die Talsohle, eine Senke erreicht. Und wie auf ein geheimes Kommando hin blieb die Spitze am Tiefpunkt stehen. Wir sammelten uns, machten kurz Pause. Tiefpunkte sind nicht immer nur Ruhephasen, sie sind auch Herausforderungen! Werden wir uns wieder aufraffen können? Sackt die Laune jetzt in den Keller? Aber es hilft, dass wir nicht alleine sind! Die Senken, die Tiefs in unserem Leben eignen sich gut dafür, sich zu sammeln. Die Menschen, die uns begleiten, um uns zu scharen, Kraft zu schöpfen und dann gemeinsam die nächste Steigung anzugehen. In der Krise liegt zugleich das Potential für den Ausweg.

Und oben angekommen?

Ganz oben, da ist die Sammlung, die konzentrierte Atmosphäre der Senke wie weggeblasen. Da schweift der Blick in alle Himmelrichtungen, da bekommen wir ein Gefühl von den unzähligen Möglichkeiten, der großen Freiheit, die uns unser Leben schenkt. „Ich freue mich und bin fröhlich über deine Güte. Du, Gott, stellst meine Füße auf weiten Raum" – dein Konfirmationsspruch, Ronja, aus Psalm 31 erinnert uns alle daran:

Dass Gott uns liebt, ohne Wenn und Aber, das kann befreiend sein!

Und diese Kernbotschaft der Konfirmation ist zugleich der Schlüssel zu einem Leben mit Weitblick, mit Lust an den vielen Möglichkeiten, die in uns und in der Welt stecken.

Und was wäre unsere Tour ohne Gastfreundschaft gewesen?
(Hausschuh)
Symbolisch soll dafür mal der Hausschuh herhalten, auch wenn wir meistens auf Socken in den Gemeindehäusern unterwegs waren. Die Wanderschuhe machten derweil Pause.
Wie hilfsbereit ist diese Welt doch, wenn wir sie freundlich um etwas bitten, was wirklich nötig ist! Eine Auskunft über den Weg, ein Dach für die Nacht, einen Kochtopf mehr, um die großen Mengen an Essen zubereiten zu können ...
Gastfreundlich leben heißt nicht, den anderen mit Luxus zu beeindrucken oder umgekehrt Freundlichkeit unverschämt auszunutzen. Gastfreundlich leben meint, sich selbst und auch den anderen immer wieder daran zu erinnern, dass wir alle nur Gast auf Erden sind. Dass wir fast alles, was wir haben, unverdient geschenkt bekamen und dass wir miteinander verbunden sind in dieser Welt.

Und so wie Elia mitten in der Wüste bei Gott zu Gast sein durfte, Ruhe, Nahrung und Wasser bekam, so lohnt es auch für uns überall und immer wieder auf Gastfreundschaft zu setzen oder sie selbst anderen anzubieten.

Mittlerweile ist es ganz schön voll hier oben geworden.
UNTERWEGS-Sein, dazu gehören ...
Der Aufbruch,
Orientierung,
und Entscheidung.
Wegbegleitung,
Ausdauer,
Höhen und Tiefen,
Gastfreundschaft

... und Pausen! Richtig! Auch Pausen!

Und weil es oft nichts Schöneres bei der großen Pause gab, als seine Wanderschuhe für einen Moment auszuziehen und beiseite zu stellen, gibt es auch symbolisch für dieses Stichwort keine Schuhe. Barfuß, auch das ist fürs UNTERWEGS-Sein mal eine gute Alternative.

Die Seele baumeln lassen – manchmal wurde es wirklich ganz still, wenn wir im Schatten unter einem Baum unsere Brotdosen auspackten, in den Himmel schauten oder uns mit einem Schluck Wasser erfrischten.

Auch SIE solltet ihr euch erhalten: Die Stille!

Einen Schuh habe ich noch, einen, der gerade zum Thema Konfirmation besonders gut passt.

Es ist ein Wanderschuh, wen mag das wundern?

Aber mehr noch: Es ist *mein* Wanderschuh. Und darum ist er auch nicht im Rucksack, sondern hier an meinem Fuß!

Konfirmation, das heißt Bekräftigung. Noch einmal wird bekräftigt, was Gott euch schon bei eurer Taufe zugesagt hat.

Dass ihr geliebt seid, mit all euren Licht- und Schattenseiten!

Dass ihr Kinder Gottes seid, über den Tod hinaus!

Und dass ihr auserwählt, unterschieden seid.

Dass Gott eure Einmaligkeit wollte und schützt.

Und eben darum geht es:

Der Weg verlangt nicht, dass jeder auf gleiche Weise oder in gleichem Tempo das Ziel erreicht.

UNTERWEGS-Sein in diesem Leben lädt euch ein, euer ganz eigenes Tempo zu finden. Euren eigenen Weg auf die Weise zu gehen, wie nur ihr ihn gehen könnt. Darum schütteln ja auch die anderen manchmal den Kopf über unsere Art, die Dinge anzugehen. Eben weil wir verschieden sind, weil wir alle, jede und jeder für sich, versuchen, unsere Einmaligkeit zu leben.

Findet also *euer* Tempo, eure *eigene* Art, dieses schöne, schwere Leben zu bestehen! Dazu lädt uns der Konfirmationssegen ein!

UNTERWGS-Sein – eine lange Reise. Viele Worte habt ich euch jetzt zugemutet. Einladen wollte ich euch, das UNTERWEGS-Sein als Lebensprinzip beizubehalten, zu zehren von den Erfahrungen des gemeinsamen Wegs.

Aber warum solltet ihr das tun?
Warum jetzt den Start wagen? Mit Gott, in euer weiteres Leben?

Vielleicht braucht es noch eine zehnte Sache!
Mir jedenfalls erscheint sie ganz wesentlich.
Und eigentlich ist sie auch die allererste, denn ohne sie brechen wir erst gar nicht auf, kommen wir nicht zu Orientierung, Entscheidung, Pause, Höhen und Tiefen, und letztlich wohl auch nicht ans Ziel:

Antoine de Saint-Exupéry, der französische Flieger, Dichter und Reisende hat von ihr einmal auf diese Weise erzählt:

„Wenn Du ein Schiff bauen willst, so trommle nicht Menschen zusammen, um Holz zu beschaffen, Werkzeuge vorzubereiten, Aufgaben zu vergeben und die Arbeit einzuteilen, sondern lehre die Menschen die Sehnsucht nach dem weiten endlosen Meer."

Wir müssen anders leben wollen, müssen Lust haben daran, diese Welt ein kleines bisschen zu verbessern. Auf diese Sehnsucht kommt es an!

Ja, es stimmt, Luisa!
„Pilgern ist nichts für Weicheier", nichts für all jene, die immer den einfachsten Weg suchen und auch das nur zu ihrem eigenen Wohl. Pilgern ist eine Zeit des Verzichts, die einem trotzdem ganz reich und voll vorkommen kann.
Und wenn ihr auf den Geschmack gekommen seid, unterwegs und auch auf den vielen Wegen, die ihr bislang schon gegangen seid – wenn ihr Sehnsucht habt nach dem „Mehr" in eurem Leben, dann …
Ja, dann wird euch die Erkenntnis vom ersten Wegstück, dass Pilgern eben nichts für Weicheier ist, nicht abschrecken können. Dann werdet ihr wieder neu aufbrechen! Und: wer weiß – vielleicht macht ihr dann immer wieder ähnliche Erfahrungen wie auch wir bei unserem großen Pilgerweg: Schritte wagen lohnt, denn der Weg verändert uns!

Möge Gott euch auf allen diesen Wegen stets begleiten! Amen.